Reinhard Abeln /
Adalbert Ludwig Balling

Lass die Freude in dein Herz

Von der Heiterkeit, die von Gott kommt

Inhaltsverzeichnis

Ein Wort zuvor

In jedem Menschen lebt ein unbändiger Hunger nach Freude, nach Glück, nach Zufriedenheit. Dieses Verlangen nach innerer Heiterkeit ist so elementar wie unsere Sehnsucht nach Licht und Wärme, nach Liebe und Gemeinschaft.

Wir alle möchten froh und glücklich sein – nur versteht fast jeder von uns darunter etwas anderes. Schier täglich müssen wir uns entscheiden: Wo geht's lang? Wie finde ich mein Glück? Was macht mich innerlich froh und frei? Wie erlange ich eine tief verwurzelte Zuversicht, die mich auch in Zukunft noch begleiten und tragen wird?

Und noch etwas: Stimmt es, dass man Freude lernen kann? Das jeder Einzelne ganz persönlich sich dafür einsetzen muss, wenn er zu solcher Gelassenheit des Herzens gelangen will?

Die Autoren dieses Buches suchen nach Antworten. Sie sind davon überzeugt, dass es kaum etwas Wichtigeres in unserem Leben gibt, als die Freude immer wieder neu zu entdecken, zu kultivieren und in unseren Alltag zu integrieren. Das ist eine Aufgabe fürs Leben. Daran muss man arbeiten. Denn auch die Freude, das Froh- und Zufriedensein, kann man lernen!

Dieser Band bietet ein weites Potpourri. Es schenkt zahlreiche Anregungen zum Weiterdenken; meditative Texte, aber auch lustige und humorvolle; ferner viele Fabeln, Sagen und Märchen, Sinnsprüche und Gebete.

Die Autoren richten sich an Jung und Alt, Arm und Reich, an Mutige und Verzagte, Gesunde und Kranke, Gesellige und Einsame, Tüchtige und Ängstliche. Aber auch an Traurige und Niedergeschlagene, an erklärte Pessimisten und hartgesottene Zweifler. Natürlich richtet sich dieses Buch in besonderer Weise auch an jene, die es sich zur Aufgabe gemacht haben, den Freud- und Mutlosen zur Seite zu stehen.

Es lohnt sich, diese Texte immer wieder, vielleicht in einer stillen Stunde, zur Hand zu nehmen. Blättern Sie einfach ein wenig – und halten Sie mal hier, mal dort inne! Sie werden staunen, wie schnell Sie das richtige Wort finden, dass gerade in diesem Moment Ihnen besonders wohltut.

Wir (Verfasser und Herausgeber) wünschen allen Leserinnen und Lesern viel Freude bei der Lektüre, die Heiterkeit des Herzens und den Segen Gottes – für Sie persönlich, aber auch für alle, die Ihnen besonders nahestehen.

Reinhard Abeln / Adalbert Ludwig Balling

Nimm dir Zeit
für die Freude

Freude – was ist das?

Was ist Freude? – Stellen Sie diese Frage fünf Millionen Menschen auf allen Kontinenten – und Sie werden fünf Millionen Antworten erhalten. Fragen Sie fünf Millionen Kinder – und Sie werden fünf Millionen Mal einem glücklichen Gesicht begegnen, strahlenden Augen und klatschenden Händen. Freude über Freude!

Freude ist Ausdruck tiefen Glücks und innerer Zufriedenheit. Freude ist das von jedem Menschen hinzugewonnene Glück, das unser Leben erhellt. Freude ist überschäumender Dank. Freude ist eine Liebeserklärung an das Leben.

Freude ist wie reifer Löwenzahn, den ein pausbackiges kleines Mädchen in die Luft pustet. Die federleichten, beflügelten Samenkörnchen winken noch lange – und die Freude über ihre Leichtigkeit nistet sich ein in den Seelen der Menschen.

Freude ist wie das Morgenrot unseres Lebens; wie ein Abenteuer zur See; wie die Erstürmung eines Berggipfels; wie ein Flug über den Wolken. Freude ist wie eine leuchtende Sternschnuppe, die vom Himmel fällt.

Freude ist wie ein Fisch, der dem Netz des Fischers entwischte. Freude ist wie ein Vogel, der dem Vogelsteller entging. Freude ist wie ein mutwilliges Füllen, wie ein frisch geschlüpftes Küken, wie ein Adler auf Höhenflug.

Freude ist, wenn Nachbars Gänse sich morgens begrüßen. Freude ist, wenn ein Hund die Stimme seines

Herrn erkennt. Freude ist, wenn Wildgänse sich zum Zug gen Süden formieren.

Adalbert Ludwig Balling

Geboren für die Freude

„Der Mensch ist geboren für die Freude", sagt der französische Philosoph und Naturwissenschaftler Blaise Pascal, „er empfindet es und braucht dafür keinen Beweis." Freude ist wie ein schöner bunter Schmetterling, dem wir wie die Kinder am liebsten nachjagen und den wir für immer einfangen möchten.

Es gibt wohl keinen Menschen, der jemals gewünscht oder gesagt hätte: „Ich möchte ohne Freude durchs Leben gehen." Wir brauchen Freude wie das tägliche Brot. Wenn wir auf sie verzichten müssen, verhungern wir. Ohne Freude ist das Leben nicht zum Aushalten, gleichen wir einem zugemauerten Brunnenschacht. Alles in uns und um uns herum wird dunkel, trist, öde, auf die Dauer unerträglich.

Don Bosco, der italienische Priester und Pädagoge hat Recht, wenn er sagt: „Das Beste, was wir auf Erden tun können, ist: Gutes tun, fröhlich sein und die Spatzen pfeifen lassen."

Reinhard Abeln

Freude – eine Ur-Sehnsucht des Menschen

Da sitzt jeden Tag auf einer Bank vor dem Altenheim eine 73-jährige Frau – einsam und allein, lust- und schwunglos. Ihr Gesicht ist hart. Strenge geht von ihm aus und abweisende Distanz. Die Augen blicken geradeaus, um den Augen der Vorübergehenden nicht begegnen zu müssen. Der Mund ist geschlossen, verstummt. Was muss alles geschehen sein, dass dieses Gesicht so versteinert, so freudlos geworden ist? Was haben wohl Menschen dieser Frau angetan? Was hat sie sich selber angetan?

Da heißt es in dem Brief eines Vaters: „Wenn ich nach Hause komme, würde ich am liebsten wieder umkehren. Meine Frau sagt: ,Ja, kommst du schon? Ich kann dich noch nicht brauchen.' Mein Sohn ist im Keller und hört Schallplatten. Die Tochter hat einen Freund und treibt sich irgendwo herum. Der Einzige, der auf mich wartet, ist mein Hund an der Gartentür. Weil wenigstens der Hund auf mich wartet, kehre ich nicht um. Das Leben schmeckt mir nicht mehr. Auf was soll ich mich noch freuen?"

Solche Beispiele zeigen, wie dunkel es im Leben wird, wenn die Freude fehlt. Ohne Freude kann der Mensch nicht menschenwürdig leben. Die Kinder nicht und die Erwachsenen nicht. Wer keine Freude hat, kann zwar weiterexistieren, aber nicht „weiterleben", wie er es sich wünscht. Ohne Freude ist das Leben nicht zum Aushalten, gleicht der Mensch einem zugemauerten Brunnenschacht. Alles wird grau, öde, auf die Dauer unerträglich.

Darum ist es verständlich, dass jeder auf der Suche nach ein wenig Freude ist. Die Suche nach Freude – oder besser der Hunger nach Freude – ist dem Wesen des Menschen eingestiftet. Freude ist kein Luxus, sondern eine Ur-Sehnsucht der Menschheit. Es gibt wohl keinen Menschen, der jemals gedacht oder gesagt hätte: „Ich möchte unglücklich werden, ich möchte ohne Freude durchs Leben gehen."

Reinhard Abeln

Freude

Mit mürrischen Leuten sei nicht gut Kirschen essen, sagt der Volksmund. Gutes tun, fröhlich sein und die Spatzen pfeifen lassen, sei das Beste, was man auf Erden tun könne, meinte Don Bosco.

Und Abraham a Santa Clara (1644–1709), der originelle Wiener Hofprediger, drückte es noch bildhafter aus: „Schaut nicht so sauer drein, als hättet ihr Holzäpfelmost getrunken. Seufzt nicht immerdar wie ein ungeschmierter Schubkarren. Allegro! Seid fröhlich und guter Dinge! Traurigkeit ist des Teufels Droschkengaul …"

Adalbert Ludwig Balling

Freu dich!

Freu dich über jede Stunde,
die du lebst auf dieser Welt.
Freu dich, dass die Sonne aufgeht
und auch, dass der Regen fällt.

Du kannst atmen, du kannst fühlen,
kannst auf neuen Wegen gehn.
Freu dich, dass dich andre brauchen
und dir in die Augen sehn.

Freu dich an jedem Morgen,
dass ein neuer Tag beginnt.
Freu dich an den Frühlingsblumen
und am kalten Winterwind.

Du kannst hoffen, du kannst kämpfen,
kannst dem Bösen widerstehn.
Freu dich, dass die dunklen Wolken
irgendwann vorübergehn.

Freu dich an jedem Abend,
dass du ein Zuhause hast.
Freu dich an schönen Stunden
und vergiss die laute Hast.

Du kannst lieben, du kannst träumen
und man kann dich gut verstehn.
Freu dich über jede Stunde,
denn das Leben ist so schön!

Überliefert

Niemand kannte seinen Namen

Soweit ich weiß, hatte er weder Schulbildung noch einen Beruf. Er besaß keine zwei Paar Schuhe, auch keinen Mantel für den Winter. Die Leute nannten ihn einen Deppen, nicht weil er mit sich selbst nichts anzufangen wusste, sondern weil er sich benahm wie einer, der nicht bis drei zählen konnte. Dabei spürten wir alle, dass er durchaus aus „besserem Hause" stammen konnte. Aber das wusste keiner mit Sicherheit. Darüber redeten wir nicht.

Er arbeitete selten, meist nur, wenn es ihm gerade einmal Spaß machte – oder wenn er meinte, einem anderen einen kleinen Dienst erweisen zu können. Am liebsten war er auf Wanderschaft von Dorf zu Dorf. Also ein Tippelbruder?

Nicht ganz, denn eigentlich war er überall zu Hause, wo immer er Halt machte. Er schlief auf Heuböden und in Pferdeställen, zwischen den Mehlsäcken einer Mühle oder unter freiem Himmel, wenn es die Sommernacht erlaubte. Er hatte, wie die Leute sagten, ein „fröhliches Gemüt".

Nie sah man ihn mürrisch, nie verärgert, nie traurig. Dabei lebte er von dem, was man ihm gerade anbot. Seine Kleider waren alt und abgetragen. Aus neuen machte er sich nichts.

Eines Tages – niemand weiß genau, wann – war er spurlos verschwunden. Es dauerte lange, sehr lange, bis man es merkte. Denn er war ja immer unterwegs. Aber plötzlich sprach es sich herum: Er war nicht mehr da! Bis heute hat man nicht herausgefunden, was mit ihm geschah. Starb er irgendwo im Wald? Ging er in die Fremde? Tauchte er in einer Großstadt unter?

Wie auch immer, er fehlte. Er, den man den Deppen genannt hatte, den Taugenichts, den Vagabunden – er fehlte plötzlich sehr. Warum wohl? Weil er immer Freude, Gelassenheit und Sorglosigkeit ausstrahlte? Weil er jenen, die tagein, tagaus schufteten und sich abrackerten, wortlos zu verstehen gab, dass Arbeiten und Für-die-Zukunft-Planen allein nicht die Ziele der Menschen sein können?

Oder war es die leise Ahnung von uns „anderen", dass uns hier einer voraus war – ein Mann, der das Leben meisterte – trotz allem!?

Ich weiß es nicht. Ich kann nur bestätigen: Er fehlte in den Dörfern noch sehr lange – er, der eigentlich nie etwas für die Dorfbewohner getan hat. Oder doch? Haben etwa seine Unbekümmertheit und sein Gottvertrauen, seine Kunst, glücklich zu leben, ohne viel zu besitzen, einen Maßstab gesetzt?

Adalbert Ludwig Balling

Worüber du dich freuen kannst

Die Sonne scheint für dich – deinetwegen;
und wenn sie müde wird,
beginnt der Mond,
und dann werden die Sterne angezündet.
Es wird Winter,
die ganze Schöpfung verkleidet sich,
spielt Verstecken, um dich zu vergnügen.
Es wird Frühling, Vögel schwärmen herbei, dich zu
erfreuen;
das Grün sprießt, der Wald wächst schön
und steht da wie eine Braut,
um dir Freude zu schenken.
Es wird Herbst, die Vögel ziehen fort,
nicht, weil sie sich rar machen wollen,
nein, nur damit du ihrer nicht
überdrüssig würdest.
Der Wald legt seinen Schmuck ab,
nur um im nächsten Jahr neu zu erstehen,
dich zu erfreuen …
All das sollte nichts sein, worüber du
dich freuen kannst?
Lerne von der Lilie und lerne vom Vogel, deinen Leh-
rern: zu sein heißt:
für heute da sein – das ist Freude.
Lilie und Vogel sind unsere Lehrer
der Freude.

Sören Kierkegaard

Freut euch wie die Kinder

Was Freude ist, können wir am besten bei den Kindern beobachten. Georg Moser, früherer Bischof von Rottenburg-Stuttgart, hat einmal gesagt:

„Die Kinder machen uns vor, wie man sich freuen kann. Sie jauchzen über die Blume, den Quell, das Tier, ein Spielzeug; froh erfahren sie ihren wendigen Leib und ihren erwachenden Geist; sie sehnen inbrünstig das nahende Fest herbei und sie freuen sich auf die Zeit, wenn sie groß sein werden. Sie gehen auf im Augenblick und schauen zugleich voll Erwartung in die Zukunft."

Kinder brauchen keine klingenden Titel, keinen Besitz und keine Macht. Sie sind mächtig durch sich selbst, sind ein eindrucksvolles Zeichen Gottes. Kinder sind – laut Peter Rosegger – ein Buch, aus dem wir Erwachsenen lesen können. Sie beschenken uns mit ihrer Freude.

Reinhard Abeln

Ich wünsche dir Freude

Nicht jene Freude wünsche ich dir,
die Ausgelassenheit meint
oder lautstarke Gaudi und Klamauk.
Ich wünsche dir Freude,
die nach innen wirkt.
Ich wünsche dir Froh-Sinn,
der in deinem Herzen wächst.

Ich wünsche dir Freude,
die Kraft hat,
die Erfüllung schenkt,
die anspornt
und dankbar macht.
Ich wünsche dir Freude,
auch und gerade dann,
wenn es dir nicht so gut geht.
Ich wünsche dir Freude
bei deinen alltäglichen Aufgaben,
bei der Berufsarbeit,
bei deiner Erholung,
beim Zusammensein mit Freunden.

Ich wünsche dir Freude,
die dich trägt,

wenn Leid und Härte dich bedrücken;
wenn Enttäuschungen dich traurig stimmen;
wenn Abschiednehmen von lieben Menschen

eine Leere hinterlässt;
wenn alle Welt über dich herfällt
und kein gutes Haar an die lässt.
Gerade dann
wünsche ich dir ur-tiefe Freude;
Freude, die dich heimholt
in die ewige Freude dessen,
der Quell und Ursprung aller Freude ist.

Adalbert Ludwig Balling

Das Eichhörnchen und der Wolf

Unter einem Baume schlief ein Wolf und über ihm auf den Ästen hüpfte ein Eichhörnchen. Es sprang mutwillig umher und fiel dabei auf den Wolf. Dieser sprang auf, fing das erschrockene Tierchen und wollte es auffressen.

„Lass mich frei", bat das Eichhörnchen. „Gut", entgegnete der Wolf, „aber du musst mir dafür erzählen, warum ihr Eichhörnchen immer so fröhlich seid. Ihr hüpft und springt tagtäglich von Baum zu Baum, von Ast zu Ast, während mir stets traurig zumute ist."

„Ich kenne den Grund", sagte das Eichhörnchen. „Aber ich habe große Angst vor dir. Lass mich los und ich sage dir, warum du nicht so von Herzen froh sein kannst wie wir kleinen Gesellen."

Der Wolf gab daraufhin dem Eichhörnchen die Freiheit zurück. Wohlweislich sprang es auf einen Baum und sprach: „Du bist deshalb immer so unlustig und traurig, weil du böse und misstrauisch bist. Daher hat dich mürrischen Gesellen auch niemand gern. Wir hingegen sind deshalb so fröhlich, weil wir niemandem etwas Böses zufügen. Daher sind wir auch überall gern gesehen und alle haben uns lieb!"

Russische Fabel

Freu dich und sei guter Dinge

Freu dich
denn Gott ist barmherzig;
freu dich,
denn Gott ist gerecht;
freu dich,
denn Gott ist nicht nachtragend;
freu dich,
denn Gott ist nicht eifersüchtig;
freu dich,
denn Gott ist nicht schadenfroh;
freu dich,
denn Gott ist gut.

Freu dich und sei guter Dinge,
denn du bist einmalig;
freu dich und sei guter Dinge,
denn du bist gern gesehen;
freu dich und sei guter Dinge,

denn du bist erwünscht;
freu dich und sei guter Dinge,
denn du bist geliebt;
freu dich und sei guter Dinge,
denn du bist auserwählt;
freu dich und sei guter Dinge,
denn du bist nicht allein;
freu dich und sei guter Dinge,
denn du bist unsterblich.

Freu dich,
denn du hast Mitmenschen;
freu dich,
denn du hast Arbeit;
freu dich,
denn du hast ein Dach über dem Kopf;
freu dich,
denn du hast eine Gemeinschaft;
freu dich,
denn du hast eine Heimat;
freu dich,
denn du hast eine Aufgabe;
freu dich,
denn du hast ein Ziel.

Freu dich,
denn Gott liebt dich!

Adalbert Ludwig Balling

Das Märchen von der Freude

Als ein Volk nur traurig war
und ein kleines Kind
einen gläsernen Ball
in den Himmel warf,
ging über diesem Volk
die Sonne auf;
denn die Kugel
trug die Freude
eines Menschen in sich
und wurde so licht
und leicht,
dass sie stetig stieg,
immerzu,
bis sie oben am Himmel
als Sonne stand.

Sigismund von Radecki

Gier zerstört das Glück

Sie standen am Spielplatz, wo die Kinder sich tummelten, als der Schüler den Meister Mengtse fragte: „Sage mir doch, wie es kommt, dass alle Menschen glücklich sein wollen und es doch nicht werden?"

Mengtse wies auf die spielenden Kinder: „Ich meine, die da sind glücklich."

„Wie sollten sie nicht?", entgegnete sein Schüler. „Es sind Kinder und sie spielen. Wie ist es aber um das Glück der Erwachsenen bestellt?"

„Wie um das Glück der Kinder, genauso", entgegnete Mengtse.

Indem er das sagte, hatte er eine Hand voll Kupfermünzen hervorgeholt und warf sie unter die spielenden Kinder. Da verstummte mit einem Mal das fröhliche Lachen und die Kinder stürzten sich auf die Kupfermünzen. Sie lagen am Boden und rauften um ihren Besitz. Geschrei und Gezeter hatten das frohe Lachen abgelöst.

„Und nun", fragte Mengtse, „was hat ihr Glück zerstört?"

„Der Streit", erwiderte sein Schüler.

„Und wer erzeugte den Streit?"

„Die Gier."

„Da hast du die Antwort auf deine Frage. Alle Menschen erfüllt die Sehnsucht nach dem Glück, aber die Gier in ihnen, es zu erjagen, bringt sie gerade um das, was sie sehnlichst wünschen."

Aus China

Ein ganz persönlicher Wunsch

Herr,
mache mich weise,
doch verhindere, dass ich hochmütig werde.
Mache mich gütig,
lass aber nicht zu,
dass ich gute Menschen für naiv halte.
Mache mich mutig –
auch dann, wenn vieles für mich auf dem Spiel steht.
Mache mich dankbar,
denn dankbare Menschen sind meistens auch zufriedene.
Mach mich froh,
sodass ich auch jene anstecke, die griesgrämig sind.

Adalbert Ludwig Balling

Zum Nachdenken

Kein Mensch taugt ohne Freude.
Walter von der Vogelweide

Freudigkeit ist die Mutter aller Tugenden.
Johann Wolfgang von Goethe

Die Seele nährt sich von dem,
worüber sie sich freut.
Aurelius Augustinus

Eine Welt, in der die Freude
keinen Platz hat, muss untergehen.
Zenta Marina

Freude wird jedes Mal dein Abendbrot sein,
wenn du den Tag nützlich zugebracht hast.
Thomas von Kempen

Freude ist, das Leben
durch einen Sonnenstrahl
hindurch zu sehen.
Carmen Sylva

Der Mensch ist für die Freude
und die Freude ist
für den Menschen da.
Franz von Sales

Das wichtigste Stück des Reisegepäcks
ist und bleibt ein fröhliches Herz.
Hermann Löns

Nur dem Fröhlichen
blüht der Baum des Lebens.
Ernst Moritz Arndt

„Und ich habe mich so gefreut!",
sagst du vorwurfsvoll,
wenn die Hoffnung zerstört wurde. –
Du hast dich gefreut? Ist das nichts?
Marie von Ebner-Eschenbach

Nichts schützt uns besser
vor Versuchungen als die Freude.
Ein frohes Herz weiß,
wie man sich vor dem Teufel schützen kann.
Mutter Teresa

Die Freude steckt nicht in den Dingen,
sondern im Innersten der Seele.
Theresia von Lisieux

Denk stets daran, dass alle froh waren,
als du geboren wurdest, du selbst aber weintest.
Lebe so, dass alle weinen,
wenn du stirbst, du selber aber froh bist!
Dag Hammarskjöld

Was kann der Schöpfer lieber sehen
als ein fröhliches Geschöpf?
Gotthold Ephraim Lessing

Die einzige Freude auf der Welt ist das Anfangen.
Es ist schön zu leben, weil leben anfangen ist, immer,
in jedem Augenblick.
Cesare Pavese

Das ist das Herrliche
an der Freude,
dass sie unverdient kommt
und niemals käuflich ist.
Hermann Hesse

Herzensfreude ist Leben für den Menschen

Ein sonniger Tag im Herbst

Ich saß am Computer und schrieb fleißig vor mich hin, versunken in eine andere Welt. Plötzlich vernahm ich ein kratzendes Geräusch am Fenstersims, kurz darauf auf meinem Schreibtisch.

Als ich aufschaute, äugte mich – keck und abenteuerlustig – ein Eichhörnchen an.

Ich muss sehr erstaunt reagiert haben. Das Tierchen guckte verdutzt, musterte die Manuskripte, die herumlagen, machte einen durchaus zufriedenen Eindruck und hopste dann wieder ins Freie.

Ich sprang auf, wollte mich vergewissern, ging ans Fenster. Das Eichkätzchen kletterte gerade die raue Außenwand hinunter, rannte quietschvergnügt auf dem unteren Balkon umher, ehe es sich zwischen Blumen versteckte.

In der darauffolgenden Nacht hatte ich einen Traum. Ich war bei einer Eichhörnchenfamilie zu Gast. Es ging lustig zu. Was mich am allermeisten erstaunte, war die Tatsache, dass die Tiere meine Bücher kannten. Ich erinnere mich sogar, wie eines der älteren Eichkätzchen zu einem anderen sagte: „Komisch, was Schriftsteller so alles denken und deuten!"

Als ich aufwachte, schmunzelte ich kopfnickend. Ja, liebes kleines Eichhörnchen, komm doch öfter zu mir ins Zimmer! Ich lasse das Fenster offen.

Ich danke dir, dass du den Großstadtgestank nicht scheutest, dass du dich über den Lärm und die Abgase der Autos und Hinterhöfe hinwegsetzt. Du hast Sonne gebracht, Licht, Freude. Du hast meinen Tag erhellt. Dein putziges Wesen, deine unbekümmerte Art, dein kuscheliges Fell – all das hat mich froh gemacht.
Ich danke dir, liebes Eichkätzchen, für den sonnigen Tag im Herbst!

Adalbert Ludwig Balling

Es gibt immer einen Grund zur Freude

Wie komme ich zu mehr Freude? Was kann, was muss ich tun, um wieder froher, zufriedener, seelisch ausgeglichener zu werden? Viele Menschen stellen diese Fragen, besonders diejenigen, die im Leben nicht gerade von der Freude verwöhnt worden sind. Sicher, es gibt dafür keine Rezepte. Aber es gibt Wege, die vielleicht helfen können. Einen dieser Wege zeigt uns eine alte, überlieferte Geschichte auf. Darin erteilt ein Narr einem König, der traurig und niedergeschlagen war, einen nachdenkenswerten Rat: „Stell die Dinge einfach auf den Kopf!"

Es herrschte einmal ein König, der war gut und edel wie kein anderer. Der König hatte auch einen Narren, der war gleichermaßen beliebt am Hof wie beim Volk. Dessen Lieblingsausspruch war:

„Es kommt im Leben darauf an, die Dinge auf den Kopf zu stellen!" Und kaum, dass er dies sagte, stand er auch schon selbst auf dem Kopf und brachte den ganzen Hof zum Lachen. War der König traurig, so wusste der Narr ihn immer wieder zu trösten und aufzuheitern.

Nun geschah es, dass der König betrübt und traurig wurde. Ihn bedrückte ein großes Missgeschick in seinem Land. Ward nämlich ein Kind geboren und wollte der König sich recht von Herzen über den neuen Erdenbürger freuen, so erreichte ihn auch schon die Nachricht, dass zur selben Zeit einer seiner Untertanen gestorben sei. Das bekümmerte den König sehr. Mit ihm trauerten sein ganzer Hofstaat und alle seine Untertanen.

Schließlich konnte der König diese Not nicht mehr länger ertragen. Er zog sich von den Regierungsgeschäften zurück und wollte mit niemandem mehr etwas zu tun haben. Selbst seinen Ministern und den klügsten Untertanen gelang es nicht, den schwermütigen König umzustimmen. Zuletzt sprach der Narr: „Lasst mich zum König! Ich meine, ich bringe es fertig, dass er sich wieder freut."

Doch das Volk rief: „Was kann uns ein Narr nützen, wenn die Klügsten unter uns nichts erreichen?"

Aber der Narr bat so inständig, dass die Minister endlich nachgaben und ihn zum König vorließen. Und siehe! Kaum eine Stunde war vergangen, da erschien der König wieder fröhlich und wohlgemut. Der ganze Hofstaat umstand den Narren voll Staunen und bestürmte ihn zu berichten, wie er diesen Sinneswandel beim König zustande gebracht habe.

Da erzählte der Narr, wie er den König in tiefster Trauer vorgefunden habe. All seine Überredungskunst sei vergeblich gewesen, bis er zuletzt dem König den Rat gegeben habe, seinen, des Narren, alten Weisheitsspruch zu erproben und die Dinge ganz einfach auf den Kopf zu stellen.

Er habe gesagt: „König, du behauptest, dein Land sei vom Missgeschick verfolgt. Immer wenn ein Kind in deinem Reich zur Welt komme, sterbe zu gleicher Zeit ein anderer deiner Bürger, so dass augenblicklich alle Freude in Trauer verkehrt werde. Stell die Dinge einfach auf den Kopf und sage dir, dass du vieles vor anderen Herrschern voraus hast: Stirbt in deinem Reich einer und trauern deine Untertanen, so wird gleichzeitig an einer anderen Stelle neues Leben geboren. Ist dies nicht ein Grund zur Freude?"

Da habe der König ihn mit Tränen in den Augen umarmt und gesagt: „Deine Weisheit, o Narr, ist groß, lass uns von nun an die Dinge auf den Kopf stellen!"

Überliefert

Die kleinen Freuden

Einige Sätze aus der Schrift „Der eine lebt vom andern" von Georg Moser können einen nachdenklich machen:
„Die meisten Menschen verlangen zu viel vom Leben, weit mehr als dieses ihnen unter normalen Umständen gewähren kann. Sie verachten die kleinen Freuden auf der Jagd nach den großen. Die Kunst aber besteht darin, die kleinen Freuden überhaupt zu sehen, zu finden und zu empfinden" (Süddeutsche Verlagsgesellschaft, Ulm ⁷1981, S.8).

Die kleinen Freuden – das sind nicht die großen Geschenke, sondern die unzähligen Kleinigkeiten, die den Tag schöner machen: die Worte, die ich dem Ehepartner, meinem Nächsten, den Nachbarn, den Kindern, einem Kranken sage, die kleinen Zeichen, die ich gebe, die Lichter, die ich anstecke, die Zeit, die ich einem Menschen schenke.

Liebe steckt im Detail. Sie ist unberechenbar, einfach, bescheiden und herzlich. Der heilige Paulus sagt uns mit Nachdruck: Vor allem aber liebt einander, denn die Liebe hält alles zusammen und macht es vollkommen" (Kol 3,14).

Reinhard Abeln

Wenn die Freude Flügel hat

Wenn die Freude Flügel hat,
ist sie der Motor unseres Lebens.

Wenn die Freude Flügel hat,
ist der Ballast des Alltags keine Bürde mehr.

Wenn die Freude Flügel hat,
fallen die Schlacken von alleine ab.

Wenn die Freude Flügel hat,
hören wir die Blumen sprechen und die
Sterne flüstern.

Wenn die Freude Flügel hat,
sind wir mit uns zufrieden und mit denen,
die uns nahestehen.

Wenn die Freude Flügel hat,
wohnt Glück in deiner Seele.

Adalbert Ludwig Balling

Die Henne am Gefängnistor

Ein Indio aus Guatemala schildert nach seiner Flucht aus den Gefängnis die grausamen Verhältnisse dort: Folterungen, Verhöre, Not, Elend, Hunger ... – bis es ihm gelang zu entkommen.

Ein „Sonnenstrahl" in seinem Gefängnisleben sei eine Henne gewesen, die sich eines Tages an seinem Gitterfenster verirrte, durch die Eisenstangen schlüpfte und in seiner Zelle anfing, Eier zu legen.

Die Henne blieb 24 Stunden bei ihm; sie gackerte lustig vor sich hin.

Das hörte einer der Wächter, stürmte in die Zelle und nahm dem Gefangenen das Tier wieder weg. Das Ei hatte er rechtzeitig in Sicherheit bringen können.

Trotz der Trauer über die weggenommene Henne, so der Gefangene, sei seine Freude übergroß gewesen.

Anderntags flatterte das Tier wieder auf das Fenstergesimse, zwang sich erneut durch die Gitter und legte abermals ein Ei.

Der Häftling: „Wenige Stunden später entließ ich sie wieder durch die Gitter, nachdem ich sie zärtlich gestreichelt hatte." – So kam die Henne Tag für Tag, legte ihr Ei in die Zelle und wurde dann vom Gefangenen wieder durch die Gitter „entlassen". Das ging so fort, sechzehn Tage lang.

Jeden Tag schenkte ihm die Henne ein Ei, jeden Tag entließ er sie wieder unter Streicheln und Liebkosungen.

Die Henne hatte Licht, Freude und Hoffnung in die Zelle des Häftlings gebracht; sie hatte sein düsteres Dasein aufgehellt, hatte ihn daran erinnert, dass niemand, auch nicht der verlassenste Häftling, letztlich allein ist. Und der Gefangene, so endet diese wahre Geschichte (Mitte der 80er-Jahre des 20. Jahrhunderts passiert), dankte Gott für die Henne:

„Gott hat mir etwas Großes getan. Ihm sei Ehre!"

Adalbert Ludwig Balling

Ich wünsch dir was!

Ich wünsche dir Augen, die die kleinen Dinge des Alltags wahrnehmen und ins rechte Licht rücken; ich wünsche dir Ohren, die die Schwingungen und Untertöne im Gespräch mit anderen aufnehmen; ich wünsche dir Hände, die nicht lange überlegen, ob sie helfen und gut sein sollen; ich wünsche dir zur rechten Zeit das richtige Wort; ich wünsche dir ein liebendes Herz, von dem du dich leiten lässt.

Ich wünsche dir: Freude, Liebe, Glück; Zuversicht, Gelassenheit, Demut; ich wünsche dir Güte – Eigenschaften, die dich das werden lassen, was du bist und immer wieder werden willst – jeden Tag ein wenig mehr.

Ich wünsche dir genügend Erholung und ausreichend Schlaf, Arbeit, die Freude macht, Menschen, die dich mögen und bejahen und dir Mut machen; aber auch Menschen, die dich bestätigen, die dich anregen, die dir Vorbild sein können, die dir weiterhelfen, wenn du traurig bist und müde und erschöpft.

Ich wünsche dir viele gute Gedanken und ein Herz, das überströmt in Freude und diese Freude weiterschenkt.

Adalbert Ludwig Balling

Die Blumen des Blinden

In einem kleinen Haus mit einem großen Garten lebte ein blinder Mann. Er verbrachte jede freie Minute in seinem Garten und pflegte ihn trotz seines Handicaps mit großer Hingabe. Ob Frühling, Sommer oder Herbst, der Garten war ein Blütenmeer.

„Sagen Sie", bemerkte ein Vorübergehender, der die Pracht bestaunte, „warum tun Sie das? Sie können doch davon nichts sehen, oder?" „Oh, nein", antwortete der Blinde, „nicht das Geringste."

„Warum kümmern Sie sich denn dann überhaupt um den Garten?" Der Blinde lächelte: „Ich kann Ihnen dafür vier Gründe nennen: Erstens, ich liebe die Gartenarbeit; zweitens, ich kann meine Blumen anfassen; drittens, ich kann ihren Duft riechen. Der vierte Grund sind Sie!"

„Ich, Aber Sie kennen mich doch gar nicht!"

„Nein, aber ich wusste, Sie würden irgendwann vorbeikommen. Sie hätten Freude an meinen herrlichen Blumen und ich hätte Gelegenheit, mich mit Ihnen darüber zu unterhalten."

H. L. Gee

Blumen und Schmetterlinge

Schmetterlinge,
so las ich bei einem indischen Autor,
seien „fliegende Blumen"
und Blumen
seien „ruhende Schmetterlinge".

Eine poetisch-bildhafte
Beschreibung jener „Gebilde",
die uns so viel Freude bereiten,
weil sie beredte Farbtupfer sind
aus Gottes schöpferischer Werkstatt.

Blumen sind einzigartig –
sie haben eine innere Uhr;
sie gehen auf
und schließen sich,
sie strotzen vor Leben
und welken leise wieder dahin – lautlos,
ohne sich in den Vordergrund zu schieben.

Blumen verfügen über Reichtümer –
Reichtümer an Farben,
an Düften,
an Modellen!
Blumen sind Paletten
der Vielfalt,
Oasen der Frische,
Ateliers der Freude.

Blumen und Schmetterlinge –
beschwingte Düfte;
flatternde Farbmuster;
sanfte Verführer!
Wo Blumen blühen,
wo Schmetterlinge gaukeln,
wo Licht und Sonne wärmen,
wo Lebensfreude vorherrscht –
da singt die Schöpfung
ein Loblied;
da werden Menschen,
Tiere und Pflanzen
zu Liebeserklärungen
an den Schöpfer.

Adalbert Ludwig Balling

Damit das Leben Freude macht

Kürzlich war ich bei einer 80-Jährigen eingeladen. Sie
ist noch fit, gut auf den Beinen und allseits gern gesehen. Wo immer möglich, ist sie zum Helfen bereit:
Pflegt 70-Jährige, die weniger mobil sind. Macht Be-
sorgungen für Kranke …
Im Laufe des Abends verriet sie mir ihr Geheimrezept:
Für andere da sein! An sich selbst zuletzt denken! Sich
nicht gehen lassen!
Dann, während wir so dahinphilosophierten, deutete
sie plötzlich auf das Ölgemälde einer alten Dame mit

streng gescheitelten schwarzen Haaren und dunklen Kleidern.

Meine Großmutter, sagte sie; ihr verdanke ich viel. Als kleines Mädchen war ich gern bei ihr. Ich konnte kommen und gehen, wann immer ich wollte. Es war ihr nie zu viel.

Zwei Dinge legte sie mir in ihren alten Tagen nahe – sie wurde übrigens 91 Jahre alt! –, nämlich: 1. Man ist nie zu alt, um noch etwas dazuzulernen. 2. Je älter man wird, umso mehr muss man auf sein Äußeres achten, umso sorgfältiger muss man sich kleiden!

Schau mal einer an, dachte ich bei mir! Handfeste, praktische Tipps!

Stimmt, als junges Mädchen kann man jeden – fast jeden – Fetzen tragen, fuhr die 80-Jährige fort. Es passt, steht, wirkt flott. Aber im Alter muss man auswählen. Und, ja, auch da hatte meine Großmutter Recht, man muss darauf achten, dass man sich nicht gehen lässt. In jeder Hinsicht! Dass man sauber gekleidet ist. Dass keine Speisereste auf dem Kleid zurückbleiben. Dass man sich informiert, auf dem Laufenden bleibt.

Nein, die 80-Jährige lebt nicht aufwändig. Eher einfach, aber bewusst. Sie hat zu leben gelernt, auf harte und mühsame Weise, wie wohl die meisten Menschen auch. Sie betrachtet ihr Leben als eine Herausforderung.

Allzuoft wehren wir uns, auch schon in jungen Jahren, Schicksalsschläge anzunehmen. Allzuoft meinen wir, dem Harten und Leidvollen aus dem Weg gehen zu müssen.

Wir tun uns damit keinen Dienst. Leid und Mühsal lassen sich aus unserem Leben nicht ausklammern. Nur wer zustimmt, wer sich nicht querlegt, wer lernt, mit dem Leid umzugehen, wird im Alter zufrieden sein.

Es ist nie zu spät, diese Erfahrung zu machen. Auch nicht mit 80 oder 90.

Wie schrieb doch ein anderer Greis? Der Graf Leo Tolstoi aus Russland: „Klingt seltsam zu sagen: Mit zweiundachtzig Jahren beginne ich zu begreifen, wie man leben muss, damit das Leben eine andauernde Freude bleibt."

Adalbert Ludwig Balling

Der reiche Mann und der Schuster

Es war einmal ein armer Schuster, der war den ganzen Tag guter Laune. Er war so glücklich, dass er von morgens bis abends vor Freude sang. Immer standen viele Kinder vor seinem Fenster und hörten ihm zu.

Gleich neben dem Schuster lebte ein sehr reicher Mann. Dieser blieb die ganze Nacht auf und zählte seine Goldstücke. Am Morgen ging er dann zu Bett. Er konnte aber nicht schlafen, weil er den Schuster singen hörte. Eines Tages hatte er eine Idee, wie er den Schuster am Singen hindern könnte. Er lud ihn zu sich ein und der Schuster kam sogleich. Zu seiner großen Überraschung schenkte ihm der reiche Mann einen Beutel voller Goldstücke.

Als der Schuster wieder zu Hause war, öffnete er den Beutel. Nie in seinem Leben hatte er so viel Geld gesehen. Sorgfältig begann er es zu zählen und die Kinder schauten zu. Es war so viel, dass der Schuster Angst hatte, es auch nur schnell aus den Augen zu lassen. So nahm er es nachts mit ins Bett. Aber auch dort musste er immer an das viele Geld denken und er konnte nicht einschlafen.

So trug er den Beutel auf den Dachboden, aber er war gar nicht sicher, ob das nun ein gutes Versteck sei. Früh am Morgen stand er auf und holte den Beutel wieder herunter. Er hatte beschlossen, ihn im Kamin zu verstecken.

„Ich bringe das Geld ins Hühnerhaus", dachte er etwas später. „Da sucht es bestimmt niemand." Aber er war noch immer nicht zufrieden und nach einer Weile grub er ein tiefes Loch im Garten und legte den Beutel hinein.

Zum Arbeiten kam er gar nicht mehr. Und singen konnte er auch nicht mehr. Er war zu bedrückt, um auch nur einen Ton hervorzubringen. Und, was am schlimmsten war, auch die Kinder kamen ihn nicht mehr besuchen.

Zuletzt war der Schuster so unglücklich, dass er den Beutel wieder hervorholte und damit zu seinem Nachbarn lief. „Bitte, nimm dein Geld zurück", sagte er. „Die Sorge darum macht mich ganz krank und auch meine Freunde wollen nichts mehr von mir wissen. Ich möchte lieber wieder ein armer Schuster sein, wie ich es vorher war."

Und so wurde der Schuster bald wieder genauso vergnügt wie zuvor und sang und arbeitete den ganzen Tag.

La Fontaine

Damit die Freude Dauergast werde

Zur Gesundheit, insbesondere zum Wohlbefinden, gehören Heiterkeit; Heiterkeit und Humor lassen sich üben – meint der Berliner Kurarzt Dr. Peter Becker. Sein Rezept: Man betrachte sich täglich einmal im Spiegel und lache sich an. Das klinge zwar reichlich albern, aber es bewähre sich in der Praxis. Und außerdem sei es nur eine von vielen Methoden, durch ein zuerst einmal gewolltes Verhalten später eine Dauerhaltung zu gewinnen. Man dürfe nicht jeder schlechten Laune nachgeben, weder der eigenen noch der des anderen. Man müsse lernen, das krankmachende Herunterschlucken von Widerwärtigkeiten im täglichen Leben durch humorvolle Gesten zu umgehen.

Dr. Becker gibt weitere Anweisungen zum Erlernen der Heiterkeit: „Dankeschön zu sagen, wenn man dazu Gelegenheit hat, ist ebenfalls ein Weg, Freude bewusst zu machen und Heiterkeit zu verbreiten – oder vorzubereiten."

Und noch etwas Interessantes bemerkt der Kurarzt: Nicht selten habe man den Eindruck, dass die Heiterkeit der Spiegel des Glaubens sei. Atheisten und Ungläubige täten sich schwerer, heiter und humorvoll zu sein ...

Der Gedanke, dass man Freude lernen kann, ist gar nicht so neu. Bischof Keppler hat dieses Thema in seinem Buch „Mehr Freude" vor fast hundert Jahren aufgegriffen und mit viel Fleiß und Überzeugungskraft dargelegt. Freude und Heiterkeit sind lernbar –und je gläubiger einer ist, umso leichter müsse ihm die Freude fallen, umso größer sei auch das körperliche und seelische Wohlbefinden.

Keppler schreibt: „Die Freude ist ein Lebensfaktor und ein Lebensbedürfnis, eine Lebenskraft und ein Lebenswert. Jeder Mensch hat ein Bedürfnis nach Freude und ein Anrecht auf Freude. Sie ist gleich unentbehrlich für die körperliche wie für die seelische Gesundheit, für das körperliche und geistige wie für das religiöse Leben ... Die Freude ist das Segel des Schiffes; wer mit diesem Segel umzugehen weiß, fängt auch widrige Winde ein und macht sie noch dienstbar zu schnellerer Fahrt. Die wahre und reine Freude ist eine Erzieherin so gut wie das Leiden und so notwendig, ja notwendiger als das Leiden."

HERR, es gibt viele Wege zur Freude. Einer, vielleicht der beste und sicherste, führt über die Verbindung zu dir. Glaubende Menschen werden nie ganz ohne Freude sein. Dankbare Menschen werden nie den Glauben verlieren. Dankende und glaubende Menschen sind fast immer auch frohe Menschen.

HERR, lehre uns glauben und danken, damit die Freude Dauergast bei uns werde.

Adalbert Ludwig Balling

Frieden und Freude –

den Menschen guten Willens,
Frieden und Freude
den Menschen bösen Willens,
Frieden und Freude
den Menschen nah und fern!

Frieden und Freude den
Menschen in Europa,
Frieden und Freude den
Menschen in Afrika,
Frieden und Freude
den Menschen in Amerika,
Frieden und Freude
den Menschen in Asien,
Frieden und Freude
den Menschen in Australien
und der Südsee.

Frieden und Freude
auch den Geizigen,

Frieden und Freude
auch den Unbarmherzigen,
Frieden und Freude
auch den Mitleidlosen,
Frieden und Freude
auch den Gewalttätigen,
Frieden und Freude
auch den Eigennützigen,
Frieden und Freude
auch den Unruhestiftern,
Frieden und Freude
auch den Streitsüchtigen,
Frieden und Freude
auch den Widerwärtigen,
Frieden und Freude
auch den Übeltätern ...

Frieden und Freude
für Gerechte und Ungerechte,
für Große und Kleine,
für Dicke und Dünne,
für Sünder und Heilige!

Adalbert Ludwig Balling

Freude verlängert das Leben

Überlass dich nicht der Sorge,
schade dir nicht selbst durch dein Grübeln!
Herzensfreude ist Leben für den Menschen,
Frohsinn verlängert ihm die Tage.
Überrede dich selbst
und beschwichtige dein Herz,
halte Verdruss von dir fern!
Denn viele tötet die Sorge
und Verdruss hat keinen Wert.
Neid und Ärger verkürzen das Leben,
Kummer macht vorzeitig alt.

Buch Jesus Sirach 30,21–24

Zum Nachdenken

Wir sind sogar physisch darauf angewiesen,
die Freude zu haben,
denn die Freude schenkt uns Kraft.
Mutter Teresa

Freude ist Kraft,
wer tief froh ist,
kann viel leichter gut sein.
Werner de Boor

Ich träumte, das Leben sei Freude.
Ich erwachte und sah, es ist Arbeit.
Und ich fand, die Arbeit ist Freude.
Rabindranath Tagore

Die Freude am Kleinen
ist die schwerste Freude.
Es gehört ein großes,
königliches Herz dazu.
Johann Wolfgang von Goethe

Freude ist für die Seele
so wichtig wie Sauerstoff
für die Lunge.
Josef Konrad Scheuber

Jeder Mensch muss bestrebt sein,
sich ein fröhliches Herz zu bewahren.
Frohe Menschen
sind stark in der Nächstenliebe.
Arnold Janssen

Unsere Augen sind die Fenster
unseres Herzens.
Machen wir sie auf
für die Sonne am Tag
und für die Sterne in der Nacht!
Öffnen wir sie der Freude
und dem Glück!
Phil Bosmans

Freude bereiten
macht froh

Mehr Freude bereiten

Im Wartezimmer eines Arztes saß ein Patient, einer von vielen. Sein vergrämtes Gesicht war der sprechende Ausdruck seines freudlosen Inneren. Da blieb sein Blick plötzlich an einem Spruchband haften, das bescheiden zwischen zwei Bildern hing. Darauf war zu lesen: „Der hat sein Leben am besten verbracht, der die meisten Menschen hat froh gemacht."

Der Mann, etwa 60 Jahre alt, kam nicht mehr von diesem Satz los. Immer und immer wieder musste er den Spruch lesen. Und je intensiver er über ihn nachdachte, desto mehr löste sich der innere Bann in ihm. Der Mann erkannte mit einem Male, wohin er gehen musste, um geheilt zu werden: zu einem anderen Menschen, um ihm eine Freude zu machen. Ein Sprichwort in Afrika sagt: „Der Mensch ist die beste Medizin für den Menschen."

Reinhard Abeln

Einfach so!

Dezember. Adventszeit. Es „weihnachtet" draußen! In meinem Büro ist Hochbetrieb. Ich bin zappelig: Die Weihnachtspost muss noch erledigt werden.

„Erledigt"? Warum so kalt und bürokratisch? Muss man Weihnachtspost „erledigen" – möglichst rasch, damit man sie vom Hals hat? Warum überhaupt schreiben, wenn es eine lästige Sache ist?

Da rührt sich mein Gewissen; es frisst sich langsam vorwärts, wie ein Wurm in den Apfel – und dann plötzlich erwischt es den Kern, den Nerv: Aber vielleicht freut sich der andere doch! Vielleicht rechnet er mit meinen Glückwünschen!?

Gut, ich greife zur Karte, zum Briefbogen. Und dann beginnt es von Neuem: Ach, warum eigentlich? Er hat ja auch nie etwas hören lassen! Und ob er antworten wird?

Doch, was soll's, warum nicht einfach schreiben, sich von der netten Seite zeigen, den Anfang machen? Vielleicht freut sich am anderen Ende doch jemand …

HERR, es ist kleinkariertes Denken, egoistisches Abwägen, selbstsüchtiges Hin und Her.

Warum fällt es uns so schwer, anderen Freude zu machen? Warum nicht einfach schreiben – nett, lieb, herzlich – und es dann dabei lassen, ob der andere antwortet oder nicht. Man hat ihn wissen lassen, dass man an ihn denkt, ihn als Freund oder Bekannten schätzt.

Ist es nicht so: Jemandem Gutes wünschen, heißt doch im Grunde, ihn wissen lassen: Ich bin froh, dass es dich gibt!

HERR, du hast niemanden gefragt, als du deinen Sohn in diese Welt sandtest. Du überraschtest sogar seine Mutter und seinen Pflegevater. Du hast deinen Sohn Mensch werden lassen, weil er uns Licht und Freude bringen sollte. Du fragtest nicht bei Kaiser Augustus nach, du stelltest keine Meinungsumfrage an. Du ließest ihn Mensch werden. Einfach so.

Adalbert Ludwig Balling

Freude ist wie eine Bombe

Freude – die Wurzel des Guten – darf nie einsam sein. Man muss sie teilen, weitergeben! Freude muss weiterwirken in unseren Mitmenschen, muss ansteckend sein. Der Freude muss man Tür und Tor öffnen, denn sie ist „eine Bombe von ungeheurer Sprengkraft" (Heinrich Böll).

Ein spanisches Sprichwort heißt: „Ein frohes Gemüt kann Schnee in Feuer verwandeln." Innerhalb von 24 Stunden hätte die Welt ein anderes Gesicht, wenn jeder von seiner Freude an andere weitergäbe!

Bischof Paul Wilhelm von Keppler (1852–1926), der große deutsche Theologe, hat in diesem Zusammenhang einmal geschrieben: „Jeder kann Freude schenken, sobald er einmal herzhaft den Schritt gewagt hat, heraus aus dem Bannkreis des Egoismus; sobald er sich daran gewöhnt hat, nicht nur an sich, sondern auch an andere zu denken. Er braucht dazu gar nicht reich und auch nicht gelehrt zu sein; er muss nur eines sein: wahrhaft und von Herzen gütig. Diese Güte und das herzliche Verlangen, andere zu erfreuen, gibt schon seinem Antlitz eine gewisse Verklärung, seinem Auge einen milden Glanz, seinem Worte einen Wohlklang, sodass er wirklich Freude bringt, wohin er kommt."

Reinhard Abeln

Ein Stück Herz schenken

Aus dem alten Russland wird Folgendes erzählt: Ein behinderter, heruntergekommener Mann sitzt am Straßenrand und hält den Vorbeikommenden bettelnd die offene Hand hin. Die meisten nehmen vom Bettler keine Notiz. Ein Einziger bleibt stehen und sagt: „Ich würde dir gern etwas geben, aber eben habe ich bemerkt, dass ich nicht eine Kopeke in der Tasche habe."
Darauf gibt ihm der am Straßenrand die erstaunliche Antwort: „Du hast mir mehr als eine Kopeke gegeben. Du hast mir ein Stück deines Herzens gegeben."

Jeder von uns ist aufgerufen, dem anderen ein wenig Freude, ein Stück Herz zu schenken. Auf diesem Gebiet kann jeder ein Erfindergeist sein. Oder vorsichtiger formuliert: Jeder sollte hierin ein Genie werden wollen. Freude bereiten ist gerade für die heutige hektische Zeit so wichtig, in der so viele unter einem erschreckenden Mangel an An-sprache und Aus-sprache leiden, in der das „Begegnungsdefizit" so groß ist.

Reinhard Abeln

Freude darf nicht einsam sein

Der libanesische Künstler und Schriftsteller Kahlil Gibran erzählt in seinem Bändchen „Der Narr" hintergründige, tiefsinnige Fabeln. Eine handelt von der Freude:

„Als meine Freude zur Welt kam, hielt ich sie in meinen Armen, stieg auf das Dach und rief: Kommt, Nachbarn, kommt und seht, die Freude wurde heute geboren. Kommt und seht das frohe Ding, wie es in der Sonne lacht!"

Aber keiner der Nachbarn kam, um meine Freude anzusehen. Das überraschte mich sehr.

Sieben Monate lang rief ich jeden Tag meine Freude auf dem Hausdach aus – aber niemand beachtete mich. So blieben meine Freude und ich allein, ungesucht und unbesucht.

Weil ich kein anderes Herz entflammen konnte und weil nur meine Lippen die ihren küssten, wurde meine Freude blass und krank. Und dann starb meine Freude an der Einsamkeit …" (Walter-Verlag, Olten).

Die Freude starb, weil sie sich nicht mitteilen konnte. Freude darf nicht einsam sein. Freude braucht Gesellschaft. Das alte Sprichwort sagt es treffend: Geteilte Freude, doppelte Freude!

Wirklich freuen können wir uns immer nur dann, wenn wir bereit sind, andere daran teilnehmen zu lassen.

Aber, auch das lehrt uns die Fabel des Libanesen, man muss auch bereit sein, die Freude anderer anzunehmen, offen sein für die Freude der Mitmenschen, damit sie sich verdoppele. Das fällt uns leider oft sehr schwer: sich mitfreuen, wenn andere sich freuen!

Vielleicht sollten wir öfter darum beten – um diese Fähigkeit, sich mitzufreuen. Überhaupt, um Freude beten! So wie wir um das tägliche Brot beten. Um Schutz und Segen. Um Gnade und Licht. Vielleicht will jede echte Freude und jede Fähigkeit, die Freude anderer aufzunehmen, erbetet werden?

Herr, schicke Freude in mein Herz, Freude in meine Seele, Freude auf meine Zunge, Freude in meine Augen, Freude in meine Ohren; setze Freude zu meiner Rechten, Freude zu meiner Linken, Freude hinter mich und Freude vor mich, Freude über mich und Freude unter mich; bring Freude in meine Nerven und Freude in mein Fleisch, Freude in mein Blut, Freude in mein Haar und Freude in meine Haut!
Gib mir Freude, stärke meine Freude, mach mich zu Freude! (Nach einem alten mohammedanischen Gebet, in dem statt Freude „Licht" steht.)

Adalbert Ludwig Balling

Jede Freude strömt zurück

Jede Freude, die wir anderen schenken, kehrt in unser eigenes Herz zurück, und zwar vermehrt und in ihrem Wert erhöht. Das Grundgesetz der Liebe gilt auch für die Freude: Je mehr Liebe ich verschenke, umso mehr erhalte ich zurück. Es ist eine alte Erfahrung: Wer andere beschenkt, beschenkt sich selbst am meisten.

Wer möchte nicht solch ein „Mensch der Freude" sein und es immer mehr werden? Noch heute können wir jemandem, dem wir begegnen, sagen und zeigen: „Ich will dir eine Freude machen."

Ein lobendes Wort, ein freundliches Gesicht, ein Lächeln, eine gute Tat, die teilnehmende Frage: „Wie geht es Ihnen?" oder: „Haben Sie einen Wunsch?" – diese und viele andere kleine Schritte können durch (fast) nichts in der Welt ersetzt werden! Sie sind oft wichtiger als ein gutes Mittagessen.

„Mensch, ich hab dich gern", schreibt Phil Bosmans, „sag es weiter mit Worten oder ohne Worte! Sag es mit einem Lächeln, mit einer Geste der Versöhnung, mit einem Händedruck, mit einem Wort der Anerkennung, mit einer Umarmung, mit einem Kuss, mit einem Stern in deinen Augen! Sag es weiter mit tausend kleinen Aufmerksamkeiten, jeden Tag aufs Neue: ‚Ich hab dich so gern'."

Reinhard Abeln

Was täte ich auch ohne sie?

Wie habe ich mich gefreut, dass an meinem Geburtstag alle Kinder und Enkel bei mir waren! Besonders habe ich mich über den Besuch meiner Enkel gefreut. Sie sind wie das quirlende Leben. Wir haben viel gespielt und gelacht. Aber jetzt bin ich auch wieder froh, dass alle fort sind, dass der Sturm vorüber ist. Ich brauche jetzt Tage, bis alles in der Wohnung wieder in Ordnung ist. Es geht nicht mehr so schnell bei mir. Aber ich nehme gern alle Umstände auf mich, weil ich froh bin, dass die Kinder und Enkel immer gern zu mir kommen!

Was täte ich auch, wenn sie wegblieben! Ich will ein offenes Haus behalten. Obwohl ich oft müde bin, freue ich mich schon wieder auf den nächsten Besuch. Es ist gut, dass mein Mann da ist und mir tatkräftig unter die Arme greift.

Eine 70-jährige Großmutter

Der eigentlich Beschenkte

Du schenkst jemandem eine Kleinigkeit – und stellst im Nachhinein fest: Der eigentlich Beschenkte bist du selbst! Du freust dich, weil sich der andere freut. Du möchtest ihm am liebsten gleich um den Hals fallen. Ihm DANKE sagen.

Frage: Warum machst du dir nicht öfters diese Freude?

Adalbert Ludwig Balling

Das schönste Erlebnis

Auf die Frage, was in den langen Jahren seiner Haft das schönste Erlebnis mit Menschen gewesen sei, antwortete ein um seines Glaubens willen eingesperrter Bischof: „Einmal steckte mir der Friseurgehilfe einen frischen Apfel in die Tasche meines Sträflingsanzuges." Nur ein Apfel – aber welch eine Wirkung!

Wie schön ist es, wenn wir hin und wieder einem Menschen ein kleines Geschenk machen! Das Geschenk muss nicht viel gekostet haben. Es kommt darauf an, dass der andere spürt: Da ist jemand, der mich mag, der mir eine Freude bereiten will. Das eigentliche Geschenk ist nicht das Geschenkte, sondern der Schenkende! Wie wenig braucht es, um einem Menschen weh zu tun! Wie wenig braucht es aber auch, um ihn von Herzen froh zu machen!

Reinhard Abeln

Geteilte Freude wird doppelt

Wenn Sophokles seine Antigone sagen lässt: „Nicht mitzuhassen, mitzulieben bin ich da", so lässt sich ähnlich behaupten: Nicht nur mitzuleiden sei uns aufgegeben, sondern auch uns mitzufreuen und andere an unserer Freude teilnehmen zu lassen. Denn gültig bleibt das Stichwort: „Geteiltes Leid wird halb, geteilte Freude wird doppelt."

Aus einem Tagebuch

Das gefällt Gott

Rabbi Baruka erging sich oft auf dem Marktplatz von Lapet. Dort erschien ihm eines Tages der Prophet Elija. Rabbi Baruka sprach ihn an: „Gibt es unter den vielen Menschen hier einen Einzigen, der Anteil an der kommenden Welt haben wird?"

Der Prophet Elija antwortete: „Unter den Massen von Menschen gibt es nur jenen dort, der gerettet werden wird." Und der Prophet zeigte auf einen Spaßmacher, der die Leute köstlich unterhielt.

Rabbi Baruka ging auf diesen zu und fragte ihn: „Was tust du denn, durch was machst du dich nützlich?"

Der Mann antwortete ihm: „Ich bin nur ein Gaukler. Wenn ich jemand sehe, der traurig ist, dann versuche ich, ihn zu erheitern und froh zu machen. Wenn ich Menschen sehe, die sich streiten, versuche ich, sie wieder zusammenzubringen und zu versöhnen. Wenn ich Leute sehe, die sich viel einbilden und stolz sind, dann versuche ich, ihnen einen Spiegel vorzuhalten, damit sie sich recht erkennen. Wenn ich einem Menschen begegne, der im Herzen böse ist, dann versuche ich, ihn umzustimmen und besser zu machen."

Rabbi Baruka wurde nachdenklich: „Das also gefällt Gott! Und das wird er mit der Wonne seiner Seligkeit belohnen."

Rabbinische Geschichte

Der „Wandermönch" von Nikko

Im japanischen Nationalheiligtum Nikko treffe ich einen älteren Herrn; er ist wie ein Wandermönch gekleidet. An einem öffentlichen Brunnen trinkt er ein paar Schlucke Wasser. Ich fange ein Gespräch mit ihm an, frage, ob ich ihn fotografieren dürfe. Er nickt freundlich.

Später treffe ich ihn an einer anderen Stelle innerhalb des großräumigen Tempelbezirks wieder. Er sieht mich, lächelt freundlich und kommt auf mich zu. Wir radebrechen ein wenig; sein Englisch ist schlecht, aber irgendwie verstehen wir uns doch. Da greift er nach seiner Brieftasche, holt ein Papier hervor, entfaltet es sorgfältig und zeigt es mir. Ich sehe japanische Schriftzeichen und zucke die Schultern. Da deutet er in die Richtung des Tempels. Gibt mir zu verstehen, ich solle auf ihn warten – und verschwindet. Nach einiger Zeit kehrt er zurück. Das Papier ist jetzt mit einem roten Stempel versehen.

Der Fremde reicht mir das Blatt, wünscht mir alles Gute, drückt mir seine Visitenkarte in die Hand und verabschiedet sich lächelnd.

Von einem Touristenführer erfahre ich Einzelheiten: Der vermeintliche Wandermönch ist ein bekannter Fabrikant, ein Großunternehmer der japanischen Wirtschaft. Seine Wallfahrt nach Nikko war wohl die erste seines Lebens. Das Papier, das er mir gab, ist aus

Reisstroh gemacht und enthält heilige Texte – mit der Hand geschrieben.

Den Stempel setzte ein Shintopriester darauf. Er bedeutet FREUDE. Freude für die Zukunft! Dafür hat der „Wandermönch" alias Geschäftsmann eine größere Banknote hinlegen müssen.

Im Nachhinein frage ich mich: Wie kam dieser mir völlig unbekannte Japaner zu dieser liebevollen Geste? Warum lag ihm so viel daran, mir etwas Gutes mit auf den Weg zu geben?

Ich werde es nie erfahren. Aber ich bin dankbar für diese Begegnung mit einem frommen Mann einer mir fremden Religion. Und ich habe mir vorgenommen: Wann immer sich eine Gelegenheit bietet, in meiner Heimat Fremden einen Gefallen zu erweisen, ein wenig Sonnenschein zu vermitteln, wirst du es tun!

Freude – das wurde mir auf meinen vielen Reisen immer wieder klar – ist ein heimlicher Wunsch, wonach sich die Menschen aller Länder und Nationen und Erdteile sehnen.

Freude ist etwas, das jeder Mensch braucht. Freude ist ein lichter, bunter Schmetterling, dem wir alle nachjagen. Freude ist eine Ur-Sehnsucht der Menschheit …

Unruhig ist unser Herz, o Herr, bis es Freude findet in dir!
Adalbert Ludwig Balling

Das Foto der jungen Frau

Da gibt es das Foto einer jungen Frau. Es steht auf dem Schreibtisch einer bekannten Familie und stimmt den Betrachter nachdenklich. Das Gesicht der Frau wirkt ängstlich. Die Augen blicken geradeaus und drücken keine Freude am Entdecken, am Spiel des Lebens aus. Der Mund ist ein wenig geöffnet. Aber nicht um zu sprechen oder zu lächeln.

Was mag im Leben dieser Frau alles geschehen sein, dass sie so ängstlich und stumm, so freudearm und einsam geworden ist? Wie viele Bitten sind unerfüllt geblieben, wie viele Fragen unbeantwortet, wie viele Tränen unbeachtet? Was haben Menschen dieser Frau wohl angetan? Was hat sie sich selber angetan?

Doch viel wichtiger ist die Frage: Was muss geschehen, dass diese Frau wieder lachen, dieser Mund wieder sprechen und fragen kann? Es ist leicht zu sagen: „Mach ein freundliches Gesicht!" oder: „Reiß dich zusammen!"

Nein, zuhören und verstehen, Geduld haben und verzeihen, schenken und lieben – das ist es, was die Angst löst und die Tür zum Leben öffnet. Die Frau braucht einen Menschen, einen lieben Gesprächspartner!

Reinhard Abeln

Wirkliches Leben ist Begegnung

Ein Bekannter ist bei einem steinreichen Mann eingeladen. Nach wenigen Sätzen sagt die Frau des reichen Industriellen, der alles Mögliche „machen" konnte, bei diesem Gespräch in ihrer zauberhaften Villa: „Bei uns ist ein Platz leer. Unser Jüngster hat sich vor ein paar Monaten das Leben genommen. Er kam in der Schule nicht mehr mit. Dann hat er Schluss gemacht. Und nun", so die Frau des Industriellen, „ist unser Haus nicht mehr schön."

Alles „Machbare" war in dieser Familie da. Das Wichtigste aber fehlte: die Freude am Leben, der innere Friede, der Mut, sich an neue Aufgaben heranzuwagen, die Lust, aufeinander zuzugehen. Die Frau und ihr Gatte waren so „hundemüde", dass ihnen nichts mehr Spaß machte, dass sie nichts mehr ablenken konnte.

Was den beiden abging, war die Atmosphäre der Freude, der Heiterkeit, der Gelassenheit, die Fähigkeit, trotz allem noch zu lachen. Das Ehepaar erwartete nichts mehr vom Leben, schleppte sich bloß noch durch die Tage. Das Essen schmeckte ihnen nicht mehr, das Reisen noch weniger. Was ihnen fehlte, war das innere Gleichgewicht, das durch den Selbstmord des Sohnes völlig aus dem Lot gekommen war.

Es gibt Millionäre, die alles Machbare haben. Aber froh sind sie nicht. Besitz ist eine fragwürdige Sache. Wohlstand enttäuscht; er hält nicht, was er verspricht.

Was die Enttäuschten aufrichten könnte, wäre ein Mensch, der sie versteht, der ihnen Freude schenkt, ihnen Mut macht, der sie über sich selbst hinauswachsen lässt, der sie an sich selbst glauben lässt, dem sie restlos vertrauen können.

Um seinem Leben Sinn – und damit Freude – geben zu können, muss der Mensch einfach Mensch werden. Zu dieser Menschwerdung bedarf er der Zuwendung eines anderen Menschen. Erst die Begegnung mit einem Du macht das Menschsein möglich.

„Ohne ein Du kann keiner zum Ich werden", sagt der jüdische Religionsphilosoph Martin Buber (1878– 1965).

Reinhard Abeln

Freude über ein Kind

Es geschehen noch Wunder. Die Freude ist nicht tot! Soeben rief mich ein Bekannter an. Er und seine junge Frau sind überglücklich. Sie bekommen ein Baby – ein Adoptivkind. Es wurde vor einer Woche von einer jugoslawischen Mutter geboren, einer Ausländerin also, einer Fremden – die in der Fremde noch keine Heimat gefunden hat. Sie „musste" ihr Kind weggeben. Zu Hause, so beteuerte sie den Sozialhelfern im Jugendamt, würde man sie verstoßen. Zu Hause sei man streng katholisch – und ihr Baby ist unehelich. Ich weiß nicht, ob die Situation wirklich so schlimm war, wie sie von der Jugoslawin geschildert wurde. Wenn ja, dann kann man auch das Verhalten ihrer Verwandten zu Hause nicht christlich nennen.

Meine Bekannten hatten seit Monaten auf die Chance gewartet, ein Kleinkind zu adoptieren. Sie sind dankbar und froh, jetzt nicht nur ein Kind bekommen zu haben (das ihnen selbst bislang verwehrt blieb), sondern auch einer jungen Ausländerin helfen zu können.

Freude über ein Kind! Wie war das seinerzeit, HERR, als dein Sohn Mensch wurde? Nicht bei den Reichen und Mächtigen sollte er zur Welt kommen, sondern bei einfachen Leuten vom Lande. Nicht in Palästen, sondern in einem Stall. Seine Eltern waren „Ausländer", waren unterwegs und in der Herberge wollte man sie nicht aufnehmen. Sie sahen nicht nach Geld aus.

HERR, ich weiß, es gibt viele Menschen, die die Weihnachtsgeschichte rührend finden. Die zum Fest viele Gaben verschenken. Die Lichter anzünden. Die in sentimentaler Stimmung wenigstens einmal im Jahr sich so geben möchten – wie sie fühlen.

Warum, HERR, nur zur Weihnachtszeit? Warum schämen wir uns unserer Gefühle – dessen, was in unserer Seele vorgeht? Und warum schenken wir anderen nur an Weihnachten etwas? Ist es nicht so, dass wir Freude empfangen, indem wir Freude schenken?

Adalbert Ludwig Balling

Wer knurrt, erntet Knurren

Ein Hund hatte von dem Tempel der tausend Spiegel gehört. Er wusste nicht, was Spiegel sind, aber er wollte unbedingt den Tempel besuchen.

Nach langer Wanderung kam er endlich an. Als er durch die Eingangstür gegangen war, blickten ihn aus tausend Spiegeln tausend Hunde an. Da freute er sich und wedelte mit dem Schwanz. Da freuten sich auch in den Spiegeln tausend Hunde und wedelten mit dem Schwanz.

Der Hund verließ den Tempel und dachte: Die Welt ist voller freundlicher Hunde. Von da an ging er jeden Tag in den Tempel.

Am Nachmittag kam ein anderer Hund in den Tempel der tausend Spiegel. Als er durch die Eingangstür gegangen war, blickten ihn aus tausend Spiegeln tausend Hunde an.

Der Hund bekam Angst, zeigte die Zähne und knurrte. Da knurrten aus den Spiegeln tausend Hunde zähnefletschend zurück. Der Hund zog den Schwanz ein, eilte davon und dachte: Die Welt ist voller böser Hunde. Nie wieder wollte er in diesen Tempel gehen.

In der Welt ist es wie im Tempel der tausend Spiegel: Wer knurrt, erntet Knurren; wer freundlich ist, bekommt Freundlichkeit zurück.

Alte Legende

Der reiche Kaufmann

„Auf dein Herz kommt es an", könnte man eine alte Geschichte überschreiben:

Ein reicher Kaufmann konnte nie genug bekommen. Auf einer seiner Reisen hörte er die verführerische Stimme: „Möchtest du reicher werden als alle anderen?" – „Nichts ist mir lieber als das!", antwortete der Kaufmann. „Was muss ich tun?" – „Du musst dein Herz dafür geben!" Ohne Zögern gab er sein Herz und bekam dafür einen Stein. So wurde er hart und reicher als andere Menschen; aber auch immer einsamer und verlassener.

Einmal begegnete ihm St. Nikolaus von Myra: „Warum bist du so traurig?" Da erzählte der reiche Kaufmann seine Geschichte. Nikolaus tröstete ihn: „Du kannst wieder froh und glücklich werden, wenn du dein Geld an Arme verschenkst. Geh, suche Krankheit und Hunger und die Not der Menschen!"

Der Kaufmann folgte seinem Rat. Und mit jedem guten Wort und jeder helfenden Tat schmolz langsam der Stein in seiner Brust; und er spürte wieder sein Herz. Als er starb, war aus dem armen Reichen ein reicher Armer geworden!

Überliefert

„Ich gebe, während ich noch lebe"

Die Sage vom Schwein und der Kuh sagt Nachdenkenswertes aus: Das Schwein kam zur Kuh und jammerte: „Die Menschen sprechen immer nur über deine Freundlichkeit. Zugegeben, du gibst Milch, doch von mir haben sie viel mehr: Schinken, Borsten und nicht zuletzt meine Füße. Und doch hat mich niemand gern. Für alle bin ich bloß das Schwein. Warum?" – Die Kuh dachte einen Augenblick nach und sagte: „Vielleicht ist das so: Ich gebe, während ich noch lebe."

Darauf also kommt es an: dass ich mich selbst verschenke, dass ich mein lebendiges Herz weitergebe. Das macht den anderen froh und mich dazu. Ein Mensch, der sich selbst verschenkt, wird innerlich nicht ärmer, sondern reicher und froher. Wenn er zum Geschenk für andere wird, durchpulst ihn das Leben.

Sich selbst verschenken heißt: dem anderen Zeit, Liebe, Vertrauen geben, beim anderen bleiben, auch und gerade dann, wenn er nicht mehr liebenswert ist. Solches Tun verlangt Treue. Treue aber ist eine Sache von Jahren und Jahrzehnten. Es gibt Menschen, die ein „Genie der Treue" sind. Treue ist ein entscheidender Beitrag zur Freude!

Reinhard Abeln

Ein Kreislauf der Freude

Eines Tages kommt ein Landwirt, den der Bruder Pförtner gut kennt. In der Hand hat er eine große Weintraube mit herrlich gelben saftigen Beeren.

„Bruder Pförtner, ich habe die schönste Weintraube aus meinem Weinberg mitgebracht. Raten Sie mal, wem ich damit eine Freude machen will?" Der Bruder überlegt. „Wahrscheinlich dem Abt oder sonst einem Pater, ich weiß es nicht."

„Ihnen!"

„Mir?" Der Bruder wird ganz rot vor Freude. „Mir? Sie haben an mich gedacht?" Er findet kaum Worte. „Ach ja", sagt der Bauer glücklich, „wir sprechen so oft miteinander und ich brauche so oft ihre Hilfe, warum soll ich ihnen nicht mal eine Freude machen?" Und die Freude, die er im Gesicht des anderen sieht, macht ihn selbst innerlich froh.

Der Bruder Pförtner legt die Weintraube vor sich hin. Ach, die ist viel zu schön, um etwas davon abzupflücken. Den ganzen Nachmittag erfreut er sich an ihrem Anblick. Dann hat er eine Idee: „Wenn ich die jetzt unserem Vater Abt schenke, was für eine Freude wird der haben!" Und der Bruder gibt die Traube weiter.

Der Abt freut sich wirklich. Und als er abends einen kranken Pater in seinem Zimmer besuchen will, da kommt ihm der Gedanke: „Den kannst du sicher mit dieser Traube froh machen."

So wandert die Traube weiter. Und sie bleibt nicht bei dem Kranken. Sie wandert immer weiter.

Schließlich bringt sie ein Mönch wieder zum Bruder Pförtner, um ihm eine Freude zu machen. Er wusste natürlich nicht, dass die Weintraube von ihm ausgegangen war. So hatte sich der Kreis geschlossen. Ein Kreis der Freude.

Überliefert

Die verschwenderische Sonne

Eine „Gutenachtgeschichte" beginnt so: „Die Sonne zog am Himmel hin, heiter und stolz auf ihrem Feuerwagen. Voller Freude streute sie ihre goldenen Strahlen nach allen Seiten, zum großen Ärger einer grauen, schlecht gelaunten Wolke, die murrte: ‚Verschwenderin, Vergeuderin, wirf deine goldenen Strahlen nur weg, wirf sie nur weg, du wirst schon sehen, was du am Schluss übrig behältst.'

Jede kleine Traube, die im Weinberg auf ihrem Rebstock reifte, holte sich in der Minute einen goldenen Sonnenstrahl, ja sogar zwei, und da waren kein Grashalm, keine Spinne, keine Blume, kein Wassertropfen, die sich nicht ihren Teil Sonne genommen hätten.

‚Lass dich nur von allen ausrauben, du wirst schon sehen, wie sie dir dafür danken, später, wenn du nichts mehr hast', brummte die Wolke. Die Sonne aber setzte fröhlich ihre Reise fort und verschenkte großmütig ihre Strahlen nach rechts und links, Millionen, Milliarden goldener Strahlen.

Erst als die Dämmerung heraufkam, zählte sie die Strahlen, die ihr geblieben waren: Und schaut her! Es fehlte ihr nicht einer. Keiner. Nicht ein einziger.
Die graue Wolke aber, von Staunen und Zorn übermannt, platzte in lauter eisige Hagelschlossen auseinander. Die Sonne aber tauchte fröhlich ins Meer" (Gianni Rodari).

Es stimmt: Wer sich anderen „mit dem Herzen" (Antoine de Saint-Exupéry) schenkt, wer ihnen hilft – selbstlos und ohne erwartete Gegenleistung, hilft sich selbst, wird innerlich frei, froh und glücklich. Denn nichts in der Welt kann uns Menschen so sehr beglücken wie das Bewusstsein, anderen einen Dienst zu erweisen, für andere da sein zu dürfen, anderen etwas zu geben, was ihnen nur ein Mensch geben kann, der nicht auf Gegenleistung pocht.

Reinhard Abeln

Freude – eine göttliche Eigenschaft

„Es ist unchristlich, nur auf die dunklen Seiten des Lebens hinzuweisen – und die Freude, die es schenkt, außer Acht zu lassen. Es gibt die Freude und der Mensch ist für die Freude geschaffen. Die Freude ist eine göttliche Eigenschaft. Und da Welt und Menschen von Gott geschaffen sind, muss sich auch die göttliche Freude in ihnen spiegeln" (Hilda Graef).

HERR, zwinkere hin und wieder mit den Augen, wenn uns die Freude nicht gelingt. Flüstere uns ins Ohr, dass man Freude lernen kann, dass Freude etwas Menschen-Mögliches ist, dass es Freude macht, anderen Freude zu machen. Dass Freude ansteckt. Lass uns aufbrechen – und andere anstecken!

Adalbert Ludwig Balling

Zum Nachdenken

Was es auch Großes und Unsterbliches
zu erleben gibt,
den Mitmenschen Freude bereiten
ist doch das Beste,
was man auf der Welt haben kann.
Peter Rosegger

Freue dich nur mit mir!
Es ist so traurig,
sich allein zu freuen.
Gotthold E. Lessing

Eine der großen Sünden ist es,
etwas nicht zu tun,
was einem Mitmenschen
Freude bereiten würde.
Zenta Maurina

Wer anderen eine Freude macht,
beschenkt sich selbst.
Ralph Boller

Für wahrhaft gute Menschen
gibt es keine größere Freude,
als anderen Freude zu bereiten.
Paul Wilhelm von Keppler

Freue dich und mache,
dass jedermann sich freut!
Julius Langbehn

Es gibt Menschen,
welche die Gabe haben,
überall Freude zu finden
und sie zurückzulassen,
wenn sie gehen.
Petrus Faber

Wenn man Freud und Leid
miteinander teilt,
wächst man zusammen.
Adolph Kolping

Wer Freude genießen will,
muss sie teilen.
Das Glück wurde
als Zwilling geboren.
Lord Byron

Seine Freude in der Freude
des anderen finden können –
das ist das Geheimnis des Glücks.
Georges Bernanos

Mit Mühen und Beschwerden
wird man allein fertig,
aber die Freude muss man
mit jemandem teilen.
Henrik Ibsen

Grund zur Freude:
dass mehr wird, was ich mit anderen teile.
Dass mich, was ich allein habe, nicht freut.
Der Mund des Gastes macht den Wein gut.
Martin Walser

Ein heiterer Mensch
verbreitet gute Laune um sich,
und wenn er in ein Zimmer kommt,
ist es, als sei ein Licht angezündet worden.
Robert Louis Stevenson

Die Freude besteht darin,
ohne großes Aufheben,
aber voller Aufmerksamkeit
an der Seite seiner Brüder zu stehen.
Frère Roger Schutz

Wer lächelt,
wird zur Sonne

Lieber Papst Johannes Paul I.

Noch nie im Leben habe ich einen Papst mit du an-
geredet, aber bei dir, lieber Johannes Paul I., traue ich
mich. „Sie" käme mir zu gespreizt vor. Ich glaube, du
würdest darüber lächeln, überhaupt, dein liebevolles
Schmunzeln, deine natürliche Fröhlichkeit, deine per-
sönliche Wärme und dein Auf-die-Menschen-Zugehen
hat dich uns allen so sympathisch gemacht.

Warum ich dir schreibe? Nun, einmal, weil ich es dir
nicht mehr persönlich sagen kann. Du bist ja so schnell
wieder von uns gegangen – einen Monat nach deiner
Wahl zum Papst. Du weißt, die Menschen waren sprachlos, waren verwirrt, als sie von deinem Tod erfuhren.

Die dir entgegengebrachte Sympathie war echt, unge-
zwungen, spontan. Ein Zeichen deiner großen Aus-
strahlungskraft, deiner Liebe, deiner Fröhlichkeit. Deshalb schreibe ich dir!

Ich möchte dich bitten, doch dafür zu sorgen (du
weißt sicher einen Weg, auch vom Jenseits aus!), dass
wir Menschen froher werden.

Vielleicht lächelst du jetzt und sagst: Tut halt, was der Herr
euch zu tun lehrt! Liebet einander, seid gut zueinander –
und ihr werdet froh werden und Fröhlichkeit verbreiten!

Stimmt. Ich weiß es. Und viele meiner Mitmenschen
wissen dies auch. Nur – im Alltag ist es nicht immer

so einfach. Im Stress der Tagesarbeit, im Gedränge um die vorderen Plätze, in der Hast um dies und das vergessen wir gar zu oft, dass mit ein wenig Elan, mit etwas mehr Gelassenheit, mit einem Schuss Humor vieles in unserem Leben fröhlicher wäre.

Lieber Papst Johannes Paul I., ich schreibe dir diesen Brief, weil ich weiß, dass auch du gern Briefe geschrieben hast, sogar an hohe Persönlichkeiten; und du hast dich so nett mit ihnen unterhalten!
Gewiss, ich hätte lieber mit dir geplaudert, es dir anlässlich einer Audienz ins Ohr geflüstert, aber das geht nun nicht mehr. Dennoch – des bin ich sicher! – du hörst mich, lauschst meinen Worten, lächelst gütig und schmunzelst zufrieden.

Ich bin ja so froh, dass es dir geglückt ist, die Menschen aufzuheitern. Ich möchte dir danken, dass durch dich die Freude wieder heimisch wurde in der Kirche. Dass auch Bischöfe und Kardinäle sich wieder von Herzen zu lachen trauen.

Warum bist du bloß so schnell von uns gegangen? Du weißt keine Antwort – so wenig wie wir, aber vielleicht haben wir dich noch lieber gewonnen, weil wir dich nur kurze Zeit haben durften. Wir danken dir für diese 33 Tage als Papst; wir danken dir für dein Lächeln; wir danken dir für die Freude, die du ausgestrahlt hast. Wir danken Gott, dass wir dich – wenn auch nur so kurze Zeit – haben durften!

Bitte, Papst Johannes Paul I., stecke viele Menschen an mit der Freude, die du hattest; mit der Liebe, die du verschenktest; mit dem Lächeln, das dir so gut stand! Bleibe uns auch in zehn oder zwanzig Jahren noch als der lächelnde Papst in Erinnerung – als der Papst der Freude!

Adalbert Ludwig Balling

Wer lächelt, wird zur Sonne

Einmal fragte eine Vierjährige ihre Oma: „Oma, warum leuchtet die Sonne?" Die Großmutter, ganz überrascht von der Frage, antwortete ihrer Enkelin einfach und klar: „Weil sie lächelt."

Das Kind war damit voll zufrieden. Es wollte eine menschliche Antwort haben, und die hatte es bekommen. „Die Sonne leuchtet, weil sie lächelt." Mit dieser Antwort konnte das Mädchen etwas anfangen. Es konnte sich richtig vorstellen, wie die Sonne leuchtet, wenn sie lächelt. Außerdem hatte die Oma schon oft zu ihrer Enkelin gesagt, wenn sie besonders nett war: „Du bist mein Sonnenschein!"

Müssten nicht auch wir im Leben viel mehr lächeln? Vielleicht täten wird es, wenn wir begreifen könnten, wie sehr wir mit diesem Lächeln eine Sonne für andere sind!

Reinhard Abeln

Mit einem Lächeln

Wir müssen für jedes Kind, dem wir helfen, für jeden Verlassenen, dem wir Gesellschaft leisten, für jeden Kranken, dem wir Medizin reichen, ein Lächeln auf den Lippen haben.

Mutter Teresa

Es war nur ein sonniges Lächeln

Es war nur ein sonniges Lächeln, es war nur ein freundliches Wort, doch scheuchte es lastende Wolken und schwere Gedanken fort.

Es war nur ein warmes Grüßen, der tröstende Druck einer Hand, doch schien's wie die leuchtende Brücke, die Himmel und Erde verband.

Ein Lächeln kann Schmerzen lindern, ein Wort kann von Sorgen befrei'n, ein Händedruck Sünde verhindern und Liebe und Glaube erneuÆn.

Es kostet dich wenig, zu geben Wort, Lächeln und helfende Hand, doch arm und kalt ist dein Leben, wenn keiner solch Trösten empfand.

Überliefert

Ab und zu einmal lächeln

Eine kleine Geschichte beginnt folgendermaßen: Es war einmal ein kleines Lächeln, das machte sich auf den Weg, um zu sehen, ob es nicht jemanden fände, wo es wohnen könnte.

Es traf ein kleines Augenzwinkern, das auch nicht viel größer war. Sofort fühlten sich die zwei zueinander hingezogen. Sie gaben sich die Hand und zogen gemeinsam weiter. Sie waren noch nicht sehr weit gegangen, da trafen sie zwei kleine Lachfältchen. Die fragten, wohin der Weg ginge, und gingen mit.

Da kamen sie in einen großen Wald und unter einem Baum sahen die vier Freunde eine alte Frau sitzen, die allein war und sehr traurig aussah. Die vier verständigten sich kurz und guckten dann, ob die alte Frau noch Platz für sie hätte. Heimlich und lautlos versteckten sich die zwei Lachfältchen und das Augenzwinkern unter den Augen und das Lächeln krabbelte in die Mundwinkel.

Da kitzelte es die alte Frau, sie stand auf und merkte plötzlich, dass sie nicht mehr so traurig war, und sie ging hinaus aus dem Wald auf eine große Wiese, wo es hell und warm war. Dem ersten Menschen, den sie traf, schenkte sie befreit ein kleines, klitzekleines Lächeln, zwinkerte dabei mit den Augen und die Lachfältchen fühlten sich richtig wohl.

Überliefert

82

Lächeln und froh sein

Lächeln und froh sein helfen im Leben oft viel weiter als dumpfes, ernstes Dahinarbeiten, ohne Lust und Liebe. Menschen, die froh sind, tun sich meistens leichter, mit anderen gute Kontakte zu pflegen. Das wissen vor allem Kaufleute. Ein Sprichwort aus China lautet denn auch: „Wer nicht lächeln kann, soll auch keinen Laden aufmachen."

Adalbert Ludwig Balling

Schenk mir ein Lächeln ...

Meine Nachbarin, eine Mutter von drei Kindern, wurde am Abend vor ihrem Geburtstag von ihrer Jüngsten in verzweifelter kindlicher Ratlosigkeit gefragt: „Was soll ich dir schenken, Mutti, damit es für dich eine wirkliche Freude ist?"
Darauf antwortete ihr die Mutter: „Schenk mir doch einfach ein Lächeln! Das wärmt wie die Sonne, leuchtet mehr als alle Blumen und klingt wie ein fröhliches Lied!"
Diese Mutter ist nicht nur eine kluge, sondern auch eine weise Frau. Heute sind ihre Kinder groß und haben auch in unserer leider oft so freudearmen Welt ihr bezauberndes Lächeln nicht verlernt!

Reinhard Abeln

Versuch's mit einem Lächeln

Ein überliefertes Wort sagt: „Für ein lächelndes Gesicht brauchst du 13 Muskeln, für ein miesepetriges aber 60." Bleibt eigentlich nur noch zu fragen: Warum willst du dich überanstrengen?

Reinhard Abeln

Zum Nachdenken

Ein kleines Lächeln tut so gut,
versuch es dreimal täglich,
dazu ein wenig frischer Mut,
schon wird die Welt erträglich.
Deutsches Sprichwort

Wer lächelt, statt zu toben,
ist immer der Stärkere.
Spruch aus Japan

Das Lächeln ist eine sympathische Falte,
die andere ausbügelt.
Christian Kjellerup

Ein freundliches Lächeln
ist mehr wert
als ein gutes Essen.
Afrikanisches Sprichwort

Lächeln ist eine erschöpfende
Aussage ohne Worte.
Hans Arndt

Das Glück ist in uns.
Wie wäre es sonst möglich,
dass ein Bettler lächeln
und ein Reicher es verlernt haben kann.
Curt Goetz

Ein Lächeln ist oft das Wesentliche.
Antoine de Saint-Exupéry

Man weiß nie, wie viel Gutes
ein einfaches Lächeln tun kann.
Mutter Teresa

Lächeln ist die eleganteste Art,
seinen Gegnern die Zähne zu zeigen.
Werner Finck

Das Lächeln ist ein Licht,
das sich im Fenster
eines Gesichts zeigt und anzeigt,
dass das Herz daheim ist.
Unbekannt

Im Lauf des Lebens muss ein Mensch imstande sein,
die lächelnd zu empfangen,
die er lieber mit dem Degen anfallen möchte.
Philip Earl of Chesterfield

Das Lächeln, das du aussendest,
kehrt zu dir zurück.
Indisches Sprichwort

Ein freundlicher Blick
und ein frohes Lächeln
bedeuten oft mehr
als ein gelungenes Gespräch.
Stefan Kardinal Wyszynski

Leuchtende Tage –
nicht weinen,
dass sie vergangen,
sondern lächeln,
dass sie gewesen!
Wandspruch aus dem Grödnertal (Südtirol)

Lächle! Denn wenn du lächelst,
hältst du die ganze Welt in deiner Hand.
Plakat an einer Jugendherberge

Es reicht nicht, reich zu sein,
doch von einem Lächeln
kannst du lange zehren.
Kyrilla Spiecker

Ein lächelnder Untertan
ist einem gereizten Herrscher
immer überlegen.
Heinrich Böll

Lachen ist die beste Medizin

Die beste Medizin

Eine chinesische Weisheit sagt: „Jede Minute, die man lacht, verlängert das Leben um eine Stunde." Dieses schöne Wort ist des Nachdenkens wert. Jeder von uns möchte doch gerne alt werden. Aber wissen wir auch, wie sehr uns das Lachen dabei helfen kann?

Lachen ist gesund, denn es hilft über manches im Leben hinweg. Und wer behauptet, das Leben sei viel zu ernst (als dass man darüber lachen dürfte), hat den Sinn der Welt nicht begriffen. Ein Sprichwort aus Angola sagt es trefflich: „Lachen reinigt nicht nur die Zähne, es säubert auch die Runzeln vom Staub."

Im Übrigen: Nur der Mensch kann lachen. Das Tier lacht nicht. Hunde bellen vor Freude, Katzen schnurren, wenn man sie streichelt, aber sie lachen nicht. Das Lachen stammt aus einer Einstellung, zu der das Tier nicht fähig ist.

Von einem Menschen, der niemals lacht, der keinen Humor hat, der nie heiter ist, obwohl er gar keinen Grund zur Traurigkeit hat, sagt der Volksmund, er sei „tierisch ernst". Das bedeutet: Er regt sich wegen jeder Kleinigkeit auf und macht sich dadurch lächerlich. Er ist nicht imstande, über den Tellerrand seines Ichs hinauszublicken.

Reinhard Abeln

Was lachst du?

In Pisa hat jahrelang ein junger Mann an ausländische Touristen in der Nähe des Schiefen Turms Zettelchen verteilt, die nach Parkscheinen aussahen. Pro Scheinchen kassierte er eine kleine Gebühr. Später entdeckten die Fremden, was der Schlaumeier hatte draufdrucken lassen: „Ihr Auto ist gegen Schaden für den Fall versichert, dass der Schiefe Turm umkippt!"
Wer den Spott hat, braucht um den Schaden nicht zu bangen! Oder sollten wir lieber den Römer Horaz zitieren? Der meinte: „Quid rides? Mutato nomine, de te fabula narretur." (Was lachst du? Ändere die Namen und schon handelt die Geschichte von dir!")
Sigismund von Radecki spöttelte einmal, deutscher Humor sei es, wenn man trotzdem nicht lache. Nun ja, mitunter ist es einfach gut, mitzulachen. Etwa, wenn man jene Geschichte von der wackeren Schwäbin hört, die ihre liebe Not mit ihrem Mann hatte. Er trank zu viel; und meistens dann, wenn er zu viel zu sich genommen hatte, setzte er zum Selbstmord an. Als er es wieder einmal probiert hatte, herrschte ihn seine Frau folgendermaßen an: „Des dät dir so passe! En da Sarg neiliege ond nix do!"
Auch darüber lässt sich schmunzeln, vielleicht im Sinne von Jean Paul: Humor sei „überwundenes Leiden an der Welt".

Adalbert Ludwig Balling

Lachen ist Ausdruck der Freude

Haben Sie heute schon gelacht? Hoffentlich! Denn das Lachen ist eine besondere und wunderbare Gabe, eine Gabe, die Gott nur den Menschen gegeben hat. Wie schön, wenn Menschen von dieser Gottesgabe Gebrauch machen – machen können! 79 Prozent der Bundesbürger, so fanden die Wickert-Institute heraus, lachen wenigstens einmal am Tag richtig herzlich. Vor zwei Jahren waren es nur 71 Prozent.

Lachen ist Ausdruck der Freude über etwas Schönes oder Überraschendes, Widerspruchsvolles oder Komisches. Der eine lacht herzlich, der andere ausgelassen, wieder einer beherrscht, ein anderer spöttisch. Es gibt da viele Möglichkeiten.

Mediziner und Seelenfachleute nennen das Lachen die beste Medizin für den Menschen – für seinen Leib und seine Seele. Sie sagen: Freude, die Quelle des Lachens, macht gesund; Freudlosigkeit, also das bedrückte Gemüt, macht krank.

Ähnlich steht es auch schon in der Heiligen Schrift. Im Buch der Sprichwörter ist zu lesen: „Ein fröhliches Herz tut dem Leib wohl, ein bedrücktes Gemüt lässt die Glieder verdorren" (Spr 17,22).

Ein Tag ohne Lachen wäre darum ein schlechter Tag. Pflegen wir diese Anlage nach Kräften! Sie gereicht uns und – was ebenso wichtig ist – auch anderen zum Segen!

Reinhard Abeln

Ein Zimmer erster Klasse, bitte!

Auch „fromme Legenden" sind mitunter amüsant und lehrreich. Manche machen uns Mut; andere lassen schmunzeln.

Da starb eines Tages ein reicher Mann; er klopfte recht energisch ans Himmelstor und bat um Einlass. Doch Petrus, der den Pförtnerdienst versah, stellte erstmal ein paar Fragen:

Was er wolle und warum er gar so stürmisch geklopft habe?

Der Reiche: „Ich möchte ein Zimmer, natürlich mit schöner Aussicht auf die Erde; ferner täglich meine Lieblingsspeise und jeweils die neueste Tageszeitung!"

Petrus wunderte sich über die Ansprüche des Reichen; doch als dieser immer noch ungeduldig seine Forderungen stellte, führte er ihn in ein Zimmer erster Klasse, ließ ihm sein Leibgericht bringen und auch die neueste Zeitung.

Ehe er sich verabschiedete, drehte er sich noch einmal um und sagte zum Reichen: „In tausend Jahren komme ich wieder!" Sagte es und ließ die Tür ins Schloss fallen.

Nach genau tausend Jahren kehrte Petrus zurück, öffnete die Luke in der Tür des Reichen und hörte den auch schon lauthals brüllen: „Da bist du endlich. Dieser Himmel da ist ja entsetzlich. Diese grässliche Einsamkeit! Diese unerträgliche Einöde!"

Petrus schnitt ihm das Wort ab: „Guter Mann, du irrst dich. Dies ist die Hölle!"

Adalbert Ludwig Balling

Der einfältige Narr

Der König von Frankreich verirrte sich eines Tages auf der Jagd. Als er den richtigen Weg dann gefunden hatte, begegnete ihm ein Bauer, der nach Paris unterwegs war. Der König ließ sich auf ein Gespräch ein, gab sich aber nicht zu erkennen.

Der Bauer erzählte, er würde gern einmal den König sehen. Darauf meinte sein Gefährte: „Den Wunsch kann ich dir erfüllen. Komm mit mir! Ich reite zum König."

„Woran kann ich erkennen, wer der König ist?", fragte der Bauer. „Das ist einfach", erklärte sein Gefährte, „achte nur darauf, wer unter allen Leuten den Hut aufbehält, das ist der König!"

Vor dem Stadttor warteten die königlichen Bediensteten und zogen den Hut. Der König wandte sich an den Bauern: „Siehst du nun, wer der König ist?"

„Ich weiß nicht recht", antwortete der Bauer, der seine Mütze aufbehalten hatte, „aber einer von uns beiden muss es wohl sein."

Abraham a Sancta Clara (1644–1709)

Sinn für Humor

Herr,
schenke mir Gesundheit des Leibes zusammen mit dem Sinn dafür, ihn möglichst gut zu erhalten.

Herr,
schenke mir eine Seele, die im Auge behält, was gut ist und schön, damit sie sich nicht einschüchtern lässt vom Bösen, sondern Wege und Mittel findet, die Dinge in Ordnung zu bringen.

Herr,
schenke mir eine Seele, der die Langeweile fremd ist, die kein Murren kennt und kein Seufzen und Klagen; lass nicht zu, dass ich mir allzu viel Sorgen mache um dieses sich breitmachende Etwas, das sich Ich nennt.

Herr,
schenke mir Sinn für Humor. Gib mir die Gnade, einen Scherz zu verstehen, damit ich ein wenig Glück kenne in meinem Leben und es mit anderen teile.

Thomas Morus (1478–1535)

„Jo mei, a Zelebret ham'S!"

Ein Mann steigt zu, vielleicht 40 Jahre alt. Er grüßt, erkundigt sich, ob der Zug Richtung Österreich fahre, erwähnt gleich, dass er nach Sankt Pölten wolle.

Wir kommen sofort ins Gespräch. Zur grauen Hose trägt er ein helles Hemd. Unauffällig, aber korrekt und sauber, denke ich; nur ein wenig unbeholfen scheint er zu sein. Vielleicht sind es seine überflüssigen Pfunde, die ihn etwas schwerfällig wirken lassen. Sonst ist er recht zugänglich. Er komme gerade aus Spanien, wo er seinen Urlaub verbracht habe.

„Allein?" – frage ich.

„Nein, nicht allein!" – Mehr will er wohl nicht sagen. Seine Diktion lässt auf einen Akademiker schließen. Ob ihm denn der Urlaub gutgetan habe, frage ich weiter. – Er nickt und sagt dann: Aber jetzt gehe es gleich wieder hinein in die Arbeit. Morgen müsse er schon wieder antreten!

Ob ich richtig gehe in der Annahme, dass man in seinem Beruf so schnell nicht arbeitslos werde? – Er überlegt kurz und bejaht.

Ich hake nach: Sind Sie Pfarrer? – Er: „Ja. Aber woraus schließen Sie das?"

Wir unterhalten uns prima. Stundenlang. Schließlich erreichen wir die Grenze. Ein Beamter erscheint. Passkontrolle. Ich reiche die Kennkarte hin, während mein Gesprächspartner noch in seiner Tasche herumsucht. Schließlich entschuldigt er sich überschwänglich: Nein, er könne seinen Pass nicht finden. Ob der Beamte vielleicht später noch mal vorbeischauen wolle? – Na gut, sagt der. Suchen Sie weiter! Ich komme wieder.

Etwas später guckt auch der österreichische Grenzer ins Abteil; ihn bittet der Pfarrer gleichfalls, sich etwas zu gedulden. Er suche noch immer nach seinem Pass. Aber alles Mühen hilft nicht weiter. Alles umsonst. Er findet ihn nicht. Sichtlich verwirrt, sagt er: „Wahrscheinlich habe ich ihn aus Versehen bei meinem Freund im Hunsrück gelassen. Mit ihm war ich in Spanien gewesen; er hatte die beiden Pässe, als wir die französische Grenze passierten ..."

Ob er denn sonst einen Ausweis bei sich habe, frage ich, etwa den Führerschein oder sonst etwas Ähnliches? – „Nein, leider nicht!"

Doch dann fällt ihm plötzlich etwas ein: Sein Zelebret (Ausweis für Priester); das liege im Brevier. Er zeigt es mir. Auf dem Foto sieht er aus wie ein Primiziant – brav und schüchtern.

Besser als gar nichts, sage ich. Hauptsache, da ist ein offizieller Stempel drauf – vom bischöflichen Ordinariat! Nur, das Ganze habe einen Haken, wende ich ein: Es sei alles in lateinischer Sprache! Ob die Beamten so viel Latein verstünden?

Wir beraten hin und her. Ich bin bereit, ihm zu helfen. Schlimmstenfalls müsse er eben am Grenzort den Zug verlassen und von dort zu Hause in seiner Pfarrei anrufen lassen ...

Während wir noch überlegen, kommt der deutsche Grenzbeamte zurück.

Der Pfarrer erklärt ihm alles: Keinen Pass; auch keinen anderen Ausweis, nur ein Zelebret habe er bei sich.

Er reicht es dem Beamten. Der schüttelt den Kopf: „Das ist für mich kein Ausweis. Weiß Gott nicht!" Etwas später: So ein Ding habe er noch nie gesehen Was das eigentlich sei, ein Zelebret? Und in welcher Sprache das abgefasst sei?

Ich versuche, es ihm zu erklären. Er schüttelt den Kopf. Zwar sei er mit einer Katholikin verheiratet, aber mit einem – wie heißt das Ding? – mit einem Zelebret habe er noch nie etwas zu tun gehabt. All die vielen Jahre nicht ...

In diesem Moment erscheint auch der österreichische Zöllner wieder, guckt dem deutschen Kollegen über die Schulter, scheint an der Form des Ausweises zu erkennen, um was es sich handelt, und sagt dann schier freudig: „Jo mei, a Zelebret ham'S, a Zelebret! Is scho Recht, Herr Pforrer. Gehen'S nur! Is olles in Ordnung!"

Während sich der deutsche Beamte von seinem österreichischen Kollegen alles erklären lässt, sage ich zu diesem: „Nicht wahr, Herr Oberinspektor, es is halt doch gut, wenn man in der Schule a bisserl Latein gelernt hat!"

Beide schmunzeln. Schmunzelnd verabschieden sie sich.

Adalbert Ludwig Balling

Der junge Geistliche

Ein junger Geistlicher soll im Gefängnis predigen. Tagelang sucht er Formulierungen, die geeignet scheinen, harte Herzen zu rühren.

Wie er den Saal betritt, erschauert er unter der Kälte der höhnischen Gesichter. Mit einem stummen Gebet um Erleuchtung steigt er zur Kanzel hinauf.

Auf der vorletzten Stufe stolpert er und über sämtliche verfügbaren Körperteile rollt er ins Parkett zurück. Das Auditorium brüllt vor Lachen.

Einen Augenblick lang fühlt sich der junge Geistliche von Schmerz und Scham gelähmt. Dann springt er auf, stürmt die Treppe empor und lacht auf die Gestreiften hinunter: „Deswegen, Männer, bin ich gekommen: Ich wollte euch zeigen, dass man wieder aufstehen kann, wenn man gestürzt ist!"

Überliefert

Schlagfertig mit Shakespeare

Im Theaterstück „König Richard III." von Shakespeare spricht der Darsteller des buckligen Herrschers, ehe er vom Grafen von Richmond zur Strecke gebracht wird, die schier schon legendär gewordenen Worte: „Ein Pferd, ein Pferd! Mein Königreich – für ein Pferd!"
Als der große englische Charakterspieler Edmund Kean bei einer Aufführung einmal diesen üblen Bur-

schen spielte und, schauspielerisch gekonnt, diese Worte über die Bühnenrampe in den Zuschauerraum schrie, kam von einem Witzbold in der Galerie das Echo zurück: „Mein Herr, könnte es vielleicht auch ein Esel sein?"

Kean war momentan verblüfft, überlegte einen kurzen Moment und rief dann schlagfertig zu dem Rufer empor: „Aber selbstverständlich, mein Herr; bitte, kommen Sie nur herunter!"

Adalbert Ludwig Balling

Die drei alten Männer

Eine kleine überlieferte Geschichte kann uns zum Schmunzeln einladen: Drei befreundete alte Männer saßen zusammen und sprachen von den Freuden der Jugend und der Last des Alters.

„Ach", stöhnte der eine: „Meine Glieder wollen nicht mehr, wie ich will. Was bin ich doch früher gelaufen, wie ein Windhund, und jetzt lassen mich meine Beine so im Stich, dass ich kaum mehr einen Fuß vor den anderen setzen kann."

„Du hast Recht", pflichtete ihm der zweite bei. „Ich habe das Gefühl, meine jugendlichen Kräfte sind versickert wie das Wasser in der Wüste. Die Zeiten haben sich geändert und zwischen den Mühlsteinen der Zeit haben wir uns geändert."

Der dritte, ein Mullah, ein Laienprediger, kaum weniger klapprig als seine Gefährten, schüttelte den Kopf: „Ich verstehe euch nicht, liebe Freunde. Ich kenne das alles von mir nicht, worüber ihr klagt. Ich bin genauso kräftig wie vor vierzig Jahren."

Das wollten ihm die anderen nicht glauben. „Doch, doch", eiferte sich der Mullah. „Den Beweis dafür habe ich erst gestern erbracht. Bei mir im Schlafzimmer steht schon seit Menschengedenken ein schwerer eichener Schrank. Vor vierzig Jahren habe ich versucht, diesen Schrank zu heben, aber was glaubt ihr, Freunde, was geschah? Ich konnte den Schrank nicht heben. Gestern kam mir die Idee, ich sollte einmal den Schrank anheben. Ich versuchte es mit allen Kräften, aber wieder schaffte ich es nicht. Damit ist doch eines klar bewiesen: Ich bin genauso kräftig wie vor vierzig Jahren!"

Aus Persien

Das lustige Seniorenpärchen

In Wien wurde ein älteres Pärchen von zwei Polizisten angehalten. Fahrzeugkontrolle. Die beiden waren kreuzfidel, schäkerten so laut und anhaltend, dass die Männer in Uniform meinten, sie hätten es mit leicht angeheiterten Gästen des letzten Winzerfestes zu tun. Dem war aber nicht so.

Die beiden – seit 45 Jahren verheiratet – hatten Führerscheine und keine Promille im Blut. Sie verstanden sich glänzend. Doch dann staunten die Polizisten: Beide Frontsitze des Autos waren mit Bremsen und Gaspedalen ausgerüstet – wie Wagen der Fahrschulen. Gefragt, warum denn das?, antworteten die beiden Alten kichernd: Damit jeder mal bremsen und jeder mal Gas geben kann!

Die Polizisten lachten noch Stunden später. Es amüsierten sich wohl auch alle, die dieses Episödchen später erfuhren. Zwei Menschen – nicht mehr jung –, die sich offensichtlich bestens verstanden. Die sich mochten.
Die Freude am Leben hatten. Die mit ein wenig Humor und auch mit der nötigen Gelassenheit, die älteren Menschen ansteht, es geschafft hatten, Spaß am Leben zu haben, auch im vorgerückten Alter, auch beim Autofahren!

Freude heißt eben auch: gemeinsam alt werden wollen! Gemeinsam die Tage zählen. Gemeinsam sich vertraut machen mit der Wirklichkeit des Lebens. Vertraut sein mit dem Alltag. Das Leben bejahen – so wie es nun einmal ist — mal bremsend, mal Gas gebend. Und nie ohne Spaß an der Freud!

Adalbert Ludwig Balling

Der Ire im Himmel

Einmal starb ein Ire ganz unverhofft. Nun stand er vor Christus. Der musste entscheiden, ob der Ire in den Himmel kommen würde oder nicht. Eine ganze Reihe Leute waren vor dem Iren an der Reihe. Er bekam genau mit, was die Einzelnen vorzuweisen hatten und wie Jesus entschied.

Jesus schlug in einem dicken Buch nach und sagte zu dem Ersten: „Da steht: Ich hatte Hunger und du hast mir zu essen gegeben. Bravo, ab in den Himmel!" Zum Zweiten sagte er: „Ich hatte Durst und du hast mir zu trinken gegeben!" – und zum Dritten: „Ich war krank und du hast mich besucht! Bravo, ab in den Himmel, ihr beiden!"

Dann kam ein achtjähriger Junge. Zu dem sagte er: „Hier steht: Keiner wollte etwas mit mir zu tun haben. Du aber hast mich zum Mitspielen eingeladen. Bravo, ab in den Himmel!" Und zu einem zehnjährigen Mädchen sagte Jesus: „Hier steht: Alle haben mich beschimpft, du aber hast mich verteidigt! Bravo, ab in den Himmel!"

Bei jedem, der so in den Himmel befördert wurde, machte der Ire Gewissenserforschung und jedesmal kam ihm das Zittern. Er hatte keinem etwas zu essen gegeben oder zu trinken und Kranke hatte er nicht besucht und Schwache nicht verteidigt. Wie würde es ihm ergehen, wenn er vor Jesus, dem König, stehen würde?

Und dann war er auch schon an der Reihe. Er blickte auf Jesus, der in seinem Buch nachschlug, und zitterte vor Angst. Dann blickte Jesus auf. „Da steht nicht viel geschrieben", sagte er, „aber etwas hast du auch getan (und der Ire meinte zu beobachten, dass Jesus dabei schmunzelte). Hier steht: Ich war traurig, enttäuscht, niedergeschlagen – und du bist gekommen und hast mir Witze erzählt. Du hast mich zum Lachen gebracht und mir Mut gegeben. Ab in den Himmel!"

Und der Ire machte einen Freudensprung durchs Himmelstor.

Aus Irland

Weißt du noch, Schatz ...?

Ein älteres Ehepaar saß am Abend beisammen; er bequem im Schaukelstuhl, sie auf dem Sofa. Beide tagträumten so vor sich hin; dachten zurück an ihre gemeinsamen Jahre. Sie strickte an warmen Socken – für seinen Geburtstag. Er überflog die Tageszeitung und blieb bei den Todesanzeigen hängen ...

Dann durchbrach sie das Schweigen: Schatz, erinnerst du dich noch daran, als wir uns zum ersten Mal begegneten? Da hast du mir ganz sanft übers Haar gestrichen. Sehr liebevoll! – Etwas zögernd erhob er sich, ging zu ihr hin und strich ihr übers ergraute Haar – mit zitternder Hand.

Ein paar Minuten später: Schatz, weißt du noch, wie du mich, als wir im Kurpark spazieren gingen, in die Arme nahmst …? – Ja, erwiderte er; da waren wir noch 60 Jahre jünger. – Weil er erneut aufstehen wollte, winkte sie ab: Bleib ruhig sitzen; die Umarmung holen wir später nach …

Als sie ihn ein drittes Mal an früher erinnerte: Weißt du noch, Schatz, wie das war, als wir uns zum ersten Mal küssten? – da stand er auf und verließ wortlos den Raum. Sie blieb kreidebleich zurück.

Es dauerte etwas, bis er wiederkam. Immer noch schweigend. Sie ging ihm entgegen, fasste ihn an der Hand, um sich zu entschuldigen. Doch als sie ihm ins Gesicht schaute, entdeckte sie ein seltenes Schmunzeln in seinen Augen – und fasste Mut: Sag mal, Schatz, habe ich dich beleidigt? – Er schüttelte den Kopf. – Hab ich dir wehgetan? – Nein. Überhaupt nicht! – Schließlich fragte sie ihn, fast schon fordernd: Dann sag mir bitte, warum du wortlos rausgegangen bist? – Er, sehr gefasst und gar nicht emotional: Weil ich erst mein Gebiss holen wollte!

Adalbert Ludwig Balling

Lach mal wieder!

„Urban, hast du meinen Rat befolgt und einen Menschen glücklich gemacht?"
„Ja, Herr Lehrer, ich habe meine Oma besucht und sie war glücklich, als ich wieder ging!"

„Oma, ich möchte mich für das schöne Spielzeug zu meinem Geburtstag bedanken."
„Aber das ist doch nicht nötig."
„Das finde ich auch, aber Mama hat gesagt, ich solle mich trotzdem bedanken."

Der kleine Harry sagt zu seinem Religionslehrer: „Sie haben uns in der letzten Stunde erzählt, dass Gott überall hinsehen kann. Wetten, dass Sie nicht Recht haben?"
Der Lehrer geht amüsiert auf das Angebot ein und Harry fragt: „Kann Gott durch unser Haus sehen?"
„Aber natürlich!"
Harry: „Kann er auch in unsere Gefriertruhe schauen?"
„Selbstverständlich!"
Harry: „Kann er auch in unseren Keller sehen?"
„Aber sicher!"
Da strahlt der Junge übers ganze Gesicht: „Sie haben verloren! Wir haben nämlich gar keinen Keller!"

„Deine Deutschnote im Zeugnis gefällt mir aber ganz und gar nicht!", sagt die Mutter zu Christine.

Das Mädchen nickt. „Mir auch nicht, Mutti. Aber wenigstens haben wir den gleichen Geschmack!"

Reinhard Abeln

Schlüssel zum Charakter

Wenn sie lacht, wackeln die Wände. Sie stößt Lachsalven aus. Wiehernde Kanonenschüsse. Man hört sie bei verschlossenen Türen über mehrere Stockwerke hinweg. Auch jenseits der Straße, auf der anderen Häuserreihe.

Nicht wenige wundern sich. Manche lachen mit. Denn Lachen steckt an. Andere hinterfragen ihr eigenes Verhalten: Warum lachen Menschen überhaupt? Warum nur Menschen? Tiere lachen nicht. Haben sie nichts zu lachen – in Gegenwart von Menschen? Oder lachen Tiere anders? Lacht nicht jeder Mensch auf seine ihm eigene Art?

Lachen, meint der Engländer Thomas Carlyle, verrate den Charakter: „Im Lachen liegt der Schlüssel, mit dem wir den ganzen Menschen entziffern."

Der Volksmund hat es noch knapper formuliert: Sage mir, wie (mit wem) du lachst, und ich sage dir, wer du bist!

Adalbert Ludwig Balling

Zum Nachdenken

Jedes Lachen vermehrt
das Glück auf dieser Erde.
Jonathan Swift

Ich sehe dich immer lachen,
mein Teuerster.
Ich freue mich darüber.
Wer sich Gott geweiht hat,
der hat keinen Grund zu trauern,
wohl aber fröhlich zu sein.
Ignatius von Loyola

Jedes Lachen hilft,
Bosheit zu besiegen.
Carl Zuckmayer

Lachen und Lächeln
sind Tor und Pforte,
durch die viel Gutes
in den Menschen
hineinhuschen kann.
Christian Morgenstern

Ein Tag, der ohne Lachen war,
bringt leicht die Schönheit in Gefahr.
Er legt dir Falten ins Gesicht.
Drum lache viel, vergiss das nicht!
Überliefert

Lachen ist die beste Medizin,
die am wenigsten kostet
und am sichersten hilft.
Lebensweisheit

Das Lachen erhält uns vernünftiger
als der Verdruss.
Gotthold Ephraim Lessing

Der verlorenste aller Tage ist der,
an dem man nicht gelacht hat.
Nicolas Chamfort

Wer so recht aus voller Seele lacht,
kann kein schlechtes Gewissen haben.
Christian Oeser

Im Himmel gibt es nur
Clowns, Profis und Amateure.
Lauter Leute, die ihre Mitmenschen
zum Lachen gebracht haben.
Charlie Rivels

Wer Gott sucht,
findet Freude

Gott allein kann Freude schenken

Gott allein kann erschaffen, aber wir alle können das Erschaffene zur Geltung bringen. Gott allein kann Leben schenken, aber wir alle können es weitergeben und achten. Gott allein kann Glauben schenken, aber wir alle können Zeugnis sein für andere. Gott allein kann Hoffnung wecken, aber wir alle können anderen vertrauen. Gott allein kann Freude schenken, aber wir alle können andere mit unserem Lächeln bereichern. Gott allein ist der Weg, aber wir alle können diesen Weg auch anderen zeigen. Gott allein kann das Unmögliche, aber wir alle schaffen das Mögliche – mit seiner Hilfe. Gott allein genügt sich selbst, aber er liebt es, sich auf uns zu verlassen.

Adalbert Ludwig Balling (nach einer brasilianischen Basisgruppe)

Tiefste Freude schenkt nur Gott

Was ist, wenn der Mensch niemanden hat, der ihm Freude schenkt, wenn er menschlicher Freundschaft ganz entbehren muss? Dann bleibt ihm immer noch der eine große Freund: Gott. ER schenkt dem Menschen Freude, wenn dieser offen ist für dieses Geschenk. ER lässt den Menschen „lächeln", auch wenn es diesem „nicht zum Lachen" ist. „Gott ist ein Gott der Freude", sagt Franz von Sales (1567–1622).

Gott ist „einer, der führt" (Martin Buber). Er hat bei allem, was er tut, etwas „im Auge" (Gen 22,14). In seinen Händen laufen alle Fäden des menschlichen Lebens und der Weltgeschichte zusammen. Er hat in seiner Güte eine „Schwäche für die Schwäche der Menschen". In seinen Händen darf ich mich geborgen fühlen wie ein Vogel im Nest.

Luis Trenker, der bekannte und berühmte Bergsteiger, Schriftsteller und Filmregisseur, hat einmal geschrieben: „Wie vielen anderen Menschen, so ging es auch mir, wenn ich mich plötzlich vor scheinbar ausweglosen Hindernissen wähnte. Hilfe fand ich stets durch mein Gottvertrauen. Bergsteiger, Seeleute, Wanderer, besonders aber Bauern, die in ständigem Kontakt mit der Natur leben, tragen ein festes Glaubensbild in sich, das ihrem Leben Kraft und Sinn verleiht ... Während eines einsamen Spazierganges, einer Wanderung zum Fuß eines hohen Berges oder einer Begegnung mit andächtigen Menschen, die Hilfe und Trost in einer Kirche suchen, wird jeder gläubige Christ sein verängstigtes Herz wieder aufrichten können und neuen Mut fassen. Das Bild des Erlösers vor Augen, wird er aufkommende Existenzängste verdrängen, Ruhe und beglückende Gelassenheit finden ... Der Weg in die Innerlichkeit ist das beste und hilfreichste Mittel zur Befreiung aus Angst und Hoffnungslosigkeit ..." (zitiert in: Walter Rupp, Beten – Loben – Meditieren, Würzburg 1975, S. 107). Der Glaubende weiß, dass immer noch eine Tür offen steht, wenn alle anderen zugeschlagen sind. Er weiß, dass er fallen kann, aber dass er auch, wenn er fällt, von Gott aufgefangen wird. Er weiß: Es gibt nicht das Nichts. Es gibt eine unsichtbare Hand, die den Menschen trägt und hält.

Reinhard Abeln

Freude an Gott

Frau L. gibt Kurse in religiös ausgerichteten Bildungshäusern: Meditative Kurse, verbunden mit Körperübungen, Haltungsübungen, „Übungen am Leibe". Von einem Jesuitenpater gefragt, was denn ihr Ziel sei, wenn sie solche Kurse abhalte, antwortete sie: Freude! Der Jesuit, offenbar eine „intellektuellere" Antwort erwartend, fragte zurück: Ist das alles, was Sie erreichen wollen?

Frau L. nickte zustimmend: Ja, das sei alles! Freude sei das Ziel des Menschen. Freude an sich. Freude an den Mitmenschen. Freude an Gott!

Der Pater war zwar beeindruckt von dieser Deutung, aber so ganz verstehen konnte er es doch nicht. Erst nach Tagen kam er wieder auf Frau L. zu. Diesmal schüttelte er ihr die Hand und murmelte: Sie haben ganz Recht! Wenn wir Freude künden, verkünden wir eigentlich nichts weniger als die Frohbotschaft Jesu …

Adalbert Ludwig Balling

„Nie wieder bin ich so froh gewesen"

Wissen Sie, dass grenzenloses, „unverschämtes" Gott-vertrauen Wunder wirken kann? Am schönsten kann dies der Brief einer Mutter ausdrücken, die folgende Zeilen schrieb:

„Als ich nach der Geburt mein mongoloides Kind sah, dieses entsetzliche, dieses entstellte Gesichtchen, da habe ich geschrien. Ich wollte das Kind von mir werfen, ich wollte fliehen. Aber dann, ich weiß nicht wie, gab mir Gott die Kraft, dass ich in schrecklicher Selbtüberwindung dieses Kind geküsst habe. Nie wie-der bin ich so froh gewesen wie in diesem Augenblick!"

Reinhard Abeln

Wer Gott sucht, findet Freude

Der Nächste ist heute nicht mehr allein der Nachbar nebenan. Eine neue Geografie der Liebe ist geboten; eine neue Geografie des Mitleidens; eine neue Geogra-fie der Solidarität.

Alle, die das „gleiche Leiden ertragen", sind auf unsere Hilfe angewiesen. Denn die neue Geografie der Liebe umfasst auch eine neue Geografie der Gerechtigkeit und des Gebetes. Wir sind „Priester" der gesamten Schöpfung. Wir sind „zuständig" auch für das Leiden der Pflanzen und Tiere. Wir sind mitverantwortlich für die „in Wehen und Seufzen" liegende Gesamt-schöpfung.

Ein greiser Berber-Nomade in Mauretanien wurde von einem Reporter gefragt, ob er sich wohl fühle, ob er glücklich sei? Da strahlten die müden Augen des Alten blitzartig auf: Aber gewiss sei er glücklich! Wahrer Reichtum sei, was Gott den Menschen schenke. Er habe zwar keine Güter, er besitze nichts, aber er freue sich am Wasser der Oase, am Grün der Bäume und an den schönen Gesichtern der Menschen.

So lobpreisen nur Menschen, die innerlich froh sind und dankbar; die begriffen haben, dass es zum Menschsein gehört, Gott zu loben – wie es der Blume zusteht zu blühen oder dem Vogel zu singen.

Adalbert Ludwig Balling

„Freude ist Gottes eigene Gabe"

Tiefste Freude kann nicht der Mensch dem Menschen schenken, sondern nur Gott. „Freude ist Gottes eigene Gabe", sagt Arthur Michael Ramsey, der anglikanische Erzbischof und ehemalige Primas der englischen Hochkirche. Gott ist die nie versiegbare Quelle der Freude, die uns lächeln lässt – selbst unter Tränen.
Wenn dies nicht so wäre, hätte es keinen Franz von Assisi (1182–1226) und keinen Johannes Maria Vian-

ney (Pfarrer von Ars, 1786–1859) gegeben. Die beiden waren frohe Menschen, weil sie sich vom Vater gehalten wussten.

Freude lässt sich somit umschreiben als ein „Ergriffensein von Gott" – eine echt religiöse Haltung! Innerlich froh ist letztlich der, der sich vom Vater ergreifen lässt. Auch Jesus konnte nur deswegen die dunkelsten Stunden überwinden und gelassen seinen Leidensweg gehen, weil er sagen konnte: Der Vater ist immer bei mir; er ist in mir und ich in ihm. Jesus war glücklich, weil das Antlitz des Vaters in seine Traurigkeit hineinschimmerte.

Freude hat nichts zu tun mit Lustigsein. Sie beginnt letztlich erst dann, wenn man nicht mehr lustig ist. Freude lebt von der Überzeugung, dass Gott alles zum Besten lenkt, dass er „durchblickt", wenn wir „nicht mehr hinaussehen". Der Freudige weiß: Alle Fallenden fallen in Gottes Hand. Gott ist immer „um uns herum" – als Jahwe, als der „Immanuel" (Gott mit uns). Wir alle leben von der Zu-wendung, Zu-neigung Gottes.

Weil er unser Vater ist, gibt uns Gott das, was wir brauchen, nicht das, was wir uns wünschen. Papst Johannes XXIII. hat das gut übersetzt: Im allabendlichen Rückblick auf seinen Tag schrieb er unter die täglichen Notizen seines berühmten Tagebuchs die beiden Worte: „Nun gut!" Das soll heißen: Der Herr macht alles gut, vollendet das Begonnene.

Reinhard Abeln

„Er aber lacht, der in den Himmeln wohnt"

Von dem berühmten Maler Franz Marc stammen die Worte: „Wie kannst du eigentlich das Evangelium lesen und doch Angst haben? Tatsächlich, mir ist das gänzlich unverständlich. Lies deinen Nerven aus dem Evangelium vor, dann müssen sie doch ruhig werden!" Ein Ratschlag, der allen modernen Christen ins Stammbuch geschrieben werden sollte.

Franz Marc war nicht der einzige Prominente, der so von der Bibel dachte. Man könnte Dutzende, Hunderte von berühmten Männern und Frauen zitieren, für die die Heilige Schrift Lebensbuch war: Buch der Weisheit und Buch der Freude, Buch des Sich-selbst-Findens und Buch der Versöhnung.

Sogar der sonst nicht gerade religiös eingestellte Johann Wolfgang von Goethe hat einmal geschrieben: „Ich bin überzeugt, dass die Bibel immer schöner wird, je mehr man sie versteht, nämlich je mehr man einsieht, dass jedes Wort, das wir allgemein auffassen und im Besonderen auf uns anwenden, nach gewissen Umständen, nach Zeit und Ortsverhältnissen einen eigenen, besonderen, unmittelbaren, persönlichen Bezug hat."

Die Bibel lesen und christlich leben ist alles andere als eine sauertöpfische Angelegenheit. Menschen, die nach dem Evangelium leben, sind frohe Menschen; sie freuen sich und haben Humor; sie stecken andere mit ihrem Frohsinn an. Sie wissen, „er aber lacht, der in den Himmeln wohnt" (Altes Testament).

Hans Urs von Balthasar hat einmal geschrieben, man könne alle Dinge doppelt sehen, als Fakten und als Geheimnis. Stimmt. Man kann sie auch als Ausdruck der Freude und Liebe Gottes sehen, als Zeichen seiner gütigen, schmunzelnden Vaterliebe.

„Die Engel lachen über den alten Karl Barth; sie lachen über ihn, weil er die Wahrheit Gottes in einer Dogmatik fassen will; sie lachen darüber, dass sich Band an Band reiht, einer dicker als der andere. Lachend sagen sie zueinander: Seht, da kommt er mit seinem Handwägelchen voll Dogmatik! Und sie lachen über die Menschen, die so viel über Karl Barth schreiben, statt sich mit der Sache selbst zu beschäftigen. Ja, die Engel lachen!"

Karl Barth, der große evangelische Theologe, muss viel Sinn für Humor gehabt haben, um schmunzelnd sich und sein Werk in Frage zu stellen.

Adalbert Ludwig Balling

Gott ist ein Gott der Freude

Die Zukunft gehört der Freude. Jeder Tag, jede Woche, jedes Jahr, jedes Menschenleben ist ein Geschenk. Jede Stunde ist Gnade. Wir haben sie nicht verdient. Wir können nichts dafür. Wir sind bloß Empfangende.

Die Zukunft wird eine Zeit der Freude werden, wenn wir bei all unseren Sorgen und Problemen, trotz Ärger und Nöten, den nicht ausklammern, der über uns allen wacht. Wenn wir das Beten und das Danksagen nicht verlernen. Und Gott über unsere Mitmenschen zu lieben versuchen.

Die Freude ist unsere Zukunft, denn Gott ist ein Gott der Freude.

Adalbert Ludwig Balling

Der Grund meiner Freude

Frère Roger, der Gründer der Ordensgemeinschaft von Taizé, hat einmal den tiefsten Grund seiner Freude mit folgenden Worten beschrieben:

„Der tiefste Grund meiner Freude besteht, glaube ich, darin, dass ich bereit bin, eines Tages das irdische Leben zu verlassen, um in ein neues Leben hinüberzugehen, das nie enden wird.

Wie die Ewigkeit Gottes sein wird, berührt mich wenig: Ich habe Besseres zu tun, als mir Bilder und Vorstellungen auszumalen, wie das Paradies sein wird.

Aber allein das Wissen, dass ich einmal in Frieden meine Augen schließen und Christus begegnen kann, ist für mich ein Grund zur Freude. Die Zustimmung zum eigenen Tod lässt mich einen Lebensstrom neu entdecken."

Frère Roger Schutz

Freude – des Christen Liebeserklärung an das Leben

Erich Fromm nennt die Freude „eine Begleiterscheinung produktiven Tätigseins". Sie sei kein „Gipfelerlebnis", das dann abrupt zu Ende komme, sondern eher ein emotionaler Zustand, „der die produktive Entfaltung der dem Menschen eigenen Fähigkeiten begleitet". Freude – so Fromm weiter – sei nicht das Feuer des Augenblicks, sondern „die Glut, die dem Sein innewohnt" (vgl. Erich Fromm, Haben oder Sein, Stuttgart 1980, S. 117).

Freude ist ein Schlüsselwort der Heiligen Schrift, sowohl des Alten wie des Neuen Testamentes. Freude ist „die Grundstimmung, die das Sein begleitet" (E. Fromm, s. o.).

Die Psalmen sind im Grunde nichts anderes als „Hymnen an die Freude". Der Sabbat ist der Tag der Freude. Trauernde unterbrechen am Sabbat ihr Fasten und Klagen. Und im Neuen Testament wurde die Lehre Jesu zum Evangelium zur „Frohen Botschaft"! Immer wieder weist Jesus auf die Freude als Grundstimmung seiner Lehre hin. Bei seinem Abschied wiederholt er seine Aufforderung: „Dies habe ich zu euch gesagt, damit meine Freude in euch ist und damit eure Freude vollkommen werde!" (Joh 15,11).

Wer nach dem Evangelium zu leben versucht, wird nicht umhin können, die Freude auf sein Banner zu schreiben. Denn die Freude ist letztlich eine Liebeserklärung an das Leben. Wer das Leben liebt – das von Gott geschenkte Leben –, wird erfüllt sein von jener Glut, „die dem Sein innewohnt". Er wird begreifen, dass Vergnügen und Nervenkitzel am Ende ein Gefühl der Traurigkeit hinterlassen, „wenn der Höhepunkt überschritten ist. Denn die Erregung wurde ausgekostet, aber das Gefäß ist nicht gewachsen. Die inneren Kräfte haben nicht zugenommen" (E. Fromm, s. o., S. 117f.).

So lautet denn der Auftrag jedes Christen: Freude zu künden; die Frohbotschaft zu leben; das Leben zu lieben – das von Gott geschenkte Leben – und dem Sein mehr Respekt zu zollen als dem Haben. Dem Frohsein vor Gott und den Menschen …

Adalbert Ludwig Balling

Freude aus dem Evangelium

Wie kannst du eigentlich im Evangelium lesen und doch Angst haben? Mir ist das ganz unverständlich. Lies deinen Nerven aus dem Evangelium vor, dann müssen sie doch ruhig und dein ganzes Wesen muss fröhlich werden!

Franz Marc

Vom Leben fasziniert

Da sagte kürzlich eine nicht mehr ganz junge Frau: „Ich hätte früher niemals geglaubt, es niemals für möglich gehalten, dass ich das Leben jemals wieder schön fände! Mit 20, 30 ging's mir richtig dreckig. Ich war nahe daran aufzugeben. Aber jetzt, Sie werden es nicht glauben, jetzt freue ich mich über jeden neuen Tag. Beim Erwachen bin ich fasziniert von dem Gedanken: Wieder ein neuer Tag, der dir gehört! Ich freue mich am Leben. An allem, was mich umgibt. Ich freue mich an der Freude. Ich freue mich an der Liebe. Meine 60 Jahre hindern mich nicht, mich wie neugeboren zu fühlen …"

Woher dieses Glück? Dieses Freudegefühl? Dieses Ja zum Leben? Kam es plötzlich? Hält es schon seit längerer Zeit an? Erst als sie angefangen habe – so die Frau –, Gott zu trauen, sich ihm restlos anzuvertrauen, ohne Wenn und Aber, erst da habe sie so echte Lust am Leben verspürt. Erst als sie angefangen habe, das Evangelium von den Lilien auf dem Felde und den Sperlingen auf dem Dach zu begreifen, sei ihr das Leben geglückt. Ja, so beteuerte sie eins ums andere Mal, das Leben sei schön. Und lebenswert. Und wunderbar. Und faszinierend.

Adalbert Ludwig Balling

Die „Treffpunkte Gottes"

Wir können Gott erfahren, wenn wir uns um andere Menschen kümmern. „In jedem Menschen kann mir Gott erscheinen", sagt Novalis (1772–1801), der bekannte Dichter der Frühromantik. Wer ständig um sich selbst kreist und sich zum Thema seines Lebens wählt, verfehlt sein Leben. Der Mensch ist auf Kommunikation, auf Gespräch hin geschaffen.

Wer andere froh macht, ist Gott sehr nahe. Zu diesen „anderen" gehören besonders die, die auf der Schattenseite des Lebens sich befinden, die vom Glück ausgeschlossen sind, weil kein Platz für sie da ist.

Gemeint sind die Armen, Schwachen, Ratlosen, Hilflosen, die Gescheiterten und Scheiternden, die Versager und Verzagten, die Zweifelnden und Verzweifelten, alle, die man links liegen lässt, die nichts „gleichsehen", die nicht mehr können, auch wenn sie noch wollen. Die Reihe ließe sich beliebig fortsetzen.

Alle diese Menschen können für uns zu „Treffpunkten Gottes" werden. Einsatz für den anderen, Hilfsbereitschaft und Offenheit für den Nächsten kosten zwar Zeit und Geld; doch diese bedeuten nichts gegenüber der Freude, der Bereicherung und dem Glück, Gott ein Stück nähergekommen zu sein, die wir selbst dabei erfahren.

Reinhard Abeln

Wahres Glück nur mit Gott

Triffst du jemanden, der behauptet, es sei zutiefst glücklich, er habe den inneren Frieden gefunden – auch ohne Gott, dann glaube ihm nicht! Wahres Glück und echter Frieden ist nur bei denen beheimatet, die in Gott Freude gefunden haben und Friede in seiner Nähe.

Adalbert Ludwig Balling

Zum Nachdenken

Der Glaube an Gott
macht mein Herz froh
und mein Angesicht fröhlich.
Katharina Elisabeth von Goethe

Wer nicht weiß noch glaubt,
dass Gott ein Gott der Freude,
des Friedens, des Trostes,
der Hoffnung, des Heils,
des Lebens und alles Guten ist,
der kennt Gott nicht.
Martin Luther

Gott ist Freude,
darum hat er die Sonne
vor sein Haus gestellt.
Franz von Assisi

Freude ist das gigantischste
Geheimnis des Christen.
Gilbert Keith Chesterton

Freue dich jeglicher Freude,
weil jede Freude von Gott kommt.
Johann Kaspar Lavater

Freut euch im Herrn zu jeder Zeit!
Noch einmal sage ich:
Freut euch!
Phil 4,4

Wenn ich an Gott denke,
ist mein Herz so voll Freude,
dass mir die Noten
von der Spule laufen.
Joseph Haydn

Lerne die wahre Freude
und du wirst Gott kennen lernen.
Shiri Aurobindo

Wer stehen bleibt,
ehe er die Freude gefunden hat,
bleibt stehen,
bevor er Gott gefunden hat.
Ernst Hello

Durch ein heiteres und frohes Gesicht
können wir beweisen,

dass die Nachfolge Christi
unser Leben mit Freude erfüllt.
Vinzenz Pallotti

Die Freude im Menschenleben
hat mit Gott zu tun.
Die Kreatur kann dem Menschen
in vielerlei Gestalt Freude bringen
oder Anlass zur Freude sein.
Aber ob dies gelingt,
das hängt davon ab,
ob der Mensch der Freude
noch fähig und kundig ist.
Alfred Delp

Beten schenkt Freude

Mittel gegen Schwermut

Benjamin Franklin (1706–1790), amerikanischer Politiker und Publizist, Erfinder des Blitzableiters, Repräsentant für Lebensnähe und praktischen Sinn, schrieb einmal:

„Eine Stunde konzentrierte Arbeit hilft mehr, deine Lebensfreude anzufachen, deine Schwermut zu überwinden und dein Schiff wieder flott zu machen, als ein Monat dumpfes Dahinbrüten."

Was Franklin aufzuzählen vergaß: Beten. Wer betet, vertreibt die Melancholie. Wird innerlich froh und frei. Steckt andere an. Wer betet, „bindet den Himmel an die Erde".

Adalbert Ludwig Balling

Wer lobt, vergisst zu klagen

Herr des Himmels und der Erde, wie wunderbar und groß sind deine Werke! Du warst bei mir, als es düster wurde, du hast mich beschützt auf vielen Wegen. Ich danke dir für deine Treue.

Herr des Himmels und der Erde, ich klatsche vor Freude in die Hände. Dir verdanke ich mein Leben. Dir sei Dank – auch für die Speisen auf unserem Tisch. Stehe, Herr, auch denen bei, die sich nicht satt essen können – oder gar hungern müssen.

Herr des Himmels und der Erde, erfülle mich mit Sehnsucht und Freude, mit Glück und Zufriedenheit. Gib mir ein Verlangen, das weit über mein Leben hinausreicht, sodass ich bei dir bleibe, dem Urgrund allen Lebens.

Herr des Himmels und der Erde, lass mich spüren, wie gut es tut, dir zu danken und dich zu lobpreisen. Lass mich niemals vergessen: Wer lobt, vergisst zu klagen.

Adalbert Ludwig Balling

Beten macht froh

Wie viel Kraft, wieviel Freude kann von einem Gebet ausgehen! Das Leben „schmeckt" wieder, wenn man das Gespräch mit Gott als einzig wahren Lebensinhalt erkannt hat. Ein altes Segensgebet aus dem 14. Jahrhundert ist schon vielen Menschen zur Lebenshilfe geworden. Es kann auch uns durchs Leben begleiten:

„Herr, sei vor mir, um mir den rechten Weg zu zeigen! Herr, sei neben mir, um mich in die Arme zu schließen und mich zu schützen gegen Gefahren von links und von rechts!
Herr, sei hinter mir, um mich zu bewahren vor der Heimtücke böser Menschen!
Herr, sei unter mir, um mich aufzufangen, wenn ich falle, und um mich aus der Schlinge zu ziehen!

Herr, sei in mir, um mich zu trösten, wenn ich traurig
bin!
Herr, sei um mich herum, um mich zu verteidigen,
wenn andere über mich herfallen!
Herr, sei über mir, um mich zu segnen!"

Reinhard Abeln

Gebet am Morgen

Ich werfe meine Freude wie Vögel an den Himmel.
Die Nacht ist verflattert, ich freue mich am Licht.

Herr, ich werfe meine Freude wie Vögel an den Himmel. Ein neuer Tag, der glitzert und knistert, knallt
und jubiliert von deiner Liebe.

Du zählst jeden Tag wie die Kräusel auf meinem Kopf.
Herr, ich werfe meine Freude wie Vögel an den Himmel.

Aus Westafrika

„Klopft an, dann wird euch geöffnet!"

Es ist eine alte Erfahrung: Menschen, die beten, sind
frohe Menschen. Das Gebet ist die stärkste Gegen-
kraft gegen Angst und Einsamkeit, Verunsicherung
und Schuld, Verzweiflung und Traurigkeit. Es vermag

am ehesten über jene schweren und schmerzhaften Stunden hinwegzuhelfen, wo man nicht mehr weiß, wie es weitergehen soll.

Das Gebet – „der Atem der Seele", wie die Weisen aller Jahrhunderte sagen – hat schon vielen Menschen in der finstersten Finsternis Licht und Freude gebracht. Wer es pflegt und dabei überzeugt ist, dass Gott brennend an ihm interessiert ist, kann erfahren, dass sein Leben nicht einfach eine Seifenblase ist, die aufgeht, schillert, platzt und nichts übrig lässt als einen Tropfen Wasser, sondern dass es doch ein Schritt ist zu noch mehr Freude, Heiterkeit, Gelöstheit, Gelassenheit, Zufriedenheit – kurz zu noch mehr Leben hin.

„Klopft an, dann wird euch geöffnet!", sagt Jesus jedem von uns (Lk 11,9). Und Jesus weiß, wovon er redet. Er selbst hat sich immer wieder Kraft und Hilfe beim Vater geholt. Er hat zum Beispiel im Garten Getsemani gebetet, als „Angst und Traurigkeit" ihn ergriffen (Mt 26,37). Und sein Gebet hatte Erfolg: Es kam ein Engel und tröstete ihn!

Die Sprachforschung hat nachgewiesen, dass das Wort „Gott" das „angerufene Wesen" bedeutet. Das heißt: Gott ist einer, der immer zu sprechen ist, den man immer anrufen kann – ohne Voranmeldung, ohne Terminabsprache, der bereit ist, den Menschen anzuhören und ihm auch zu helfen. Sollten wir es darum nicht immer wieder mit einem „Anruf bei Gott" probieren?

Reinhard Abeln

Freude ist ansteckend

HERR –

ist es nicht eigenartig, dass man ausgerechnet den Christen die Freude abspricht? Dass man ihnen Freudlosigkeit nachsagt? Dass man sie für sauertöpfische Heilige hält?

Das Gegenteil müsste es sein: Wenn irgendjemand froh und heiter sein darf, dann jene, die an deine Frohbotschaft glauben!

Du Freund des Lebens – zwinkere ab und zu mit den Augen, wenn mir die Freude partout nicht gelingen will! Flüstere mir ins Ohr, dass man Freude lernen kann, dass Freude etwas Ur-Menschliches ist, dass es Freude macht, anderen Freude zu machen, und dass herzliche Freude ansteckend ist! An dieser „Krankheit" hat noch niemand gelitten.

Lass mich zur Freude aufbrechen, hilf mir, die Heiterkeit des Herzens zu pflegen und andere damit anzustecken!

Adalbert Ludwig Balling

Freude auch im Leid

Die Freude des Beters hat eine unwahrscheinliche Tiefe. Das bedeutet: Der Beter weiß, dass im Leben nicht alles glattgehen kann, dass man im Leben nicht weiterkommt ohne Belastungen. Wer nicht belastet wird, der ist nicht belastbar.

Nur wer unten ist, weiß, was oben ist. Nur wer die Finsternis kennt, weiß, was Licht ist. Nur wer am Boden zerstört ist, weiß, was es bedeutet, aufgerichtet zu werden. Nur wer die Trostlosigkeit kennt, weiß, was Trost ist. Jemand meinte: „Die kostbarsten Stunden meines Lebens waren diejenigen, in denen ich nicht ein noch aus wusste."

Der Beter weiß, dass Belastungen, ja selbst das Leid, nicht eine Last sein müssen, sondern zur Erfahrung von Freude werden können. Wer viel Umgang mit leidgeprüften Menschen hat, kann feststellen, wie viel Freude in Augen stehen kann, die viel geweint haben. Es ist eine Freude, die aus tiefster Geborgenheit kommt; eine Freude, die nicht lärmt und doch wirklich ist; eine Freude, die einer hat, der nie mehr verzweifeln kann.

Martin Buber erzählt: „Als Rabbi Schmelke und sein Bruder zum Maggid gekommen waren, brachten sie dies vor: ‚Unsere Weisen haben ein Wort gesprochen, das uns keine Ruhe lässt, weil wir es nicht fassen können. Das ist das Wort: Der Mensch solle Gott für das Übel lobpreisend danken.'

Der Maggid antwortete: ‚Geht in das Lehrhaus, da werdet ihr Sussja finden, wie er seine Pfeife raucht. Er wird euch die Deutung sagen.' Sie gingen ins Lehrhaus und legten Rabbi Sussja ihre Frage vor.

Er lachte: ‚Da habt ihr euch den Rechten ausgesucht! Ihr müsst euch schon an einen andern wenden und nicht an einen wie mich, dem zeitlebens kein Übel widerfuhr.' Sie aber wussten: Es war Rabbi Sussjas Leben vom Tag seiner Geburt an bis zu diesem Tag aus Not und Pein ohne andern Einschlag gewoben.

Da verstanden sie, was es heißt, Leid in Liebe (sprich: Freude, d. Verf.) empfangen" (Die Erzählungen der Chassidim, Manesse Verlag, Zürich 1949).

Ein anderes Beispiel: Da lag in einem Pflegeheim eine 91-jährige Frau, die viel Schweres im Leben mitgemacht hatte und seit einigen Jahren bettlägerig war. Sie strahlte eine Heiterkeit aus, dass man sprachlos war. Ihr bezauberndes Lächeln faszinierte jeden, der ihr begegnen durfte. Viele, die sie besuchten, standen staunend an diesem Bett, wortlos, um die „Freude" anzuschauen – besser: zu genießen –, die auf diesem Gesicht lag.

Ja, es gibt sie: Kranke, die innerlich froher und gelassener sind als Gesunde; Mütter, die ihr verkrüppeltes Kind schön finden, weil sie es lieben; Menschen, die an einem offenen Grab Zeugen der Hoffnung sind; Eltern, die ihr Kind trotz allem – trotz endloser Enttäuschungen – nicht aufgeben! Was ihnen geholfen hat,

so zu werden, wie sie sind, war das Gebet. Das Gebet
wurde für sie eine Quelle der Kraft und der Freude!

Reinhard Abeln

Wenn es kein Leid gäbe ...

könnte man auch nicht die Erfahrung der Freude machen. Es ist das Leid, das uns hilft, die Freude zu erleben. Alles wird durch sein Gegenteil erkannt; wer
den Schmerz tief erlebt, kann auch die Freude stärker
ausdrücken. Wenn es kein Leid gäbe, wäre das Leben
höchst uninteressant.

Hazrat Inayat Khan (Indien)

Du bist ein Gott der Freude

Herr, unser Gott, du bist ein Gott der Freude. Dein
Sohn ist gekommen, damit wir Freude haben und die
Freude in uns vollkommen sei. So bitten wir dich:
dass wir einander das Gute weitersagen,
dass wir über das Böse schweigen,
dass wir die Ehre des anderen achten,
dass wir einander gelten lassen,
dass wir ein schiefes Wort nicht als Ablehnung auffassen,
dass wir immer wieder fragen:

Was tut dem anderen weh,
was macht dem anderen Freude?,
dass wir einander nichts nachtragen,
dass wir einen Fehler ehrlich eingestehen,
dass wir uns füreinander die nötige Zeit nehmen,
dass wir uns in die Gelassenheit einüben,
dass wir niemals vergessen, dass wir einmal vor dir als
unserem Richter stehen und unser Tun vor dir verant-
worten müssen,
dass wir für alles dankbar sind.

Herr, unser Gott, ohne dich können wir nichts tun.
Hab Erbarmen mit unseren Schwächen! Du hast ja
eine „Schwäche" für die Schwächen der Schwachen.
Amen.

Reinhard Abeln

Wer betet, wird gelassen

Auch dies ist ein Kennzeichen des Beters: Er ist nicht
nur ein froher, sondern auch ein gelassener Mensch.
Das bedeutet: Er ist imstande, jederzeit zu verlieren.
Groß ist, wer siegt, wer Erfolge hat; aber noch größer
ist, wer gelassen verlieren kann. Die Kunst verlieren zu
können, ist bedeutender als die Kunst, immer wieder
zu siegen.
Der Gelassene verfügt ferner über die Fähigkeit, jederzeit verzichten zu können. Er bringt es fertig, alles los-

zulassen, zuletzt sich selbst. Er weiß: Wer sich auf Gott einlässt, ist niemals verlassen. Es scheint höchstens so! Er weiß: Besitz macht das Herz des Menschen leer, Gott dagegen erfüllt es mit Freude und Zufriedenheit.

Irgendwo lag ein reicher Bauer im Sterben. Die Ärzte standen am Bett des Sterbenden. Die Atemnot wurde immer größer. Der organische Befund stellte die Internisten von Stunde zu Stunde vor immer größere Rätsel. Nach reiflicher Überlegung kamen sie zu dem Entschluss, den bekannten, weisen und sehr erfahrenen Psychotherapeuten Karlfried Graf Dürckheim zu Rate zu ziehen.

Graf Dürckheim kam und ließ sich die Krankengeschichte erzählen. Dann trat er ruhig und gelassen – sein „Fluidum" war bekannt – an das Bett des Sterbenden und sagte nur: „Loslassen, Bauer, loslassen!" Der Bauer konnte und wollte sich von seinem Hof nicht trennen. Sein Hof war sein „Leben". Der Graf blieb dabei: „Loslassen, Bauer, loslassen!"

Nach einem langen, tiefen Blick sagte der Bauer: „Ja!" Dann geschah das „Wunder" – „Wunder" in Anführungszeichen: Der Bauer musste nicht sterben. Der Verzicht hatte ihn frei gemacht … Mit Recht sagt deshalb der Dichter Hermann Hesse (1877–1962): „Wohlan, mein Herz, nimm Abschied und gesunde!" Ohne Abschied (Loslassen) kann kein Leben gelingen!

Schließlich kennzeichnet auch dies den gelassenen Menschen: Er weiß aus dem Glauben, dass alles, was jetzt ist, vergänglich ist und dass das Vergängliche eine unvergängliche Seligkeit zur Folge haben wird. Der Gelassene ist darum ein Mensch der Hoffnung oder anders ausgedrückt: Er erwartet das ewige Leben, die ewige Freude.

„Ewig" bedeutet kein Zeitmaß. „Ewig" ist auch nicht so viel wie „endlos". „Ewig" meint vielmehr un-vor-stellbares, un-endliches, un-sagbares Glück. Johannes lässt uns in der „Apokalypse", dem letzten Buch des Neuen Testaments, wissen, dass alles, was uns jetzt das Leben schwer macht, aufhören wird: „Der Tod wird nicht mehr sein, keine Trauer, keine Klage, keine Mühsal. Denn was früher war, ist vergangen" (Offb 21,4).

Freude wird herrschen – grenzenlose Freude! Denn „kein Auge hat es je gesehen, kein Ohr hat es je gehört, keines Menschen Herz hat es jemals empfunden, was Gott denen bereitet, die ihn lieben." Gott wird dem Menschen begegnen mit einem Verstehen, das jedes Begreifen übersteigt. Ob dies nicht jetzt schon ein Grund zur Freude ist?

Reinhard Abeln

Freude für alle

Gott, Schöpfer aus Liebe und Freude –
schenke uns Freude, wo immer wir sind:
Lass uns Freude erleben
auf Bergen und in Tälern,
Freude am Meer und im Wald,
Freude auf den Wiesen und Feldern,
Freude mit Kindern und Erwachsenen,
Freude beim Lesen und bei der Erholung,
Freude am Morgen und am Abend.

Freude sei bei uns alle Tage.
Freude, wenn wir arbeiten –
Freude, wenn wir ruhen –
Freude, wenn wir uns erholen –
Freude, wenn wir unter Freunden weilen.
Freude ist das Geheimrezept der Christen.
Freude spricht jede Sprache,
Freude kennt keine Schranken und Grenzen,
Freude ist international, universal, weltweit.
Freude – das Evangelium der Christen.

Herr –
mach uns zu Botschaftern deiner Freude.
Lass uns den Menschen sagen,
dass es schön ist, sie zu sehen.
Lass sie unsere Liebe und Freude spüren.
Lass Freude und Liebe regieren,
wo Menschen um deinen Namen wissen.

Adalbert Ludwig Balling

Zum Nachdenken

Beten ist so notwendig wie atmen.
Wir sagen niemals,
wir haben keine Zeit zu atmen.
Sundar Singh

Tust du nichts für deinen Nächsten,
sind alle deine Gebete umsonst.
Aus China

Beten ist eine ebenso wirkliche Kraft
wie die Schwerkraft der Erde.
Zenta Maurina

Das entscheidende Wort,
das ein Mensch sagen kann,
ist das Gebet.
Karl Rahner

Gebete sind Nachtherbergen
für die Seele.
Nelly Sachs

Wer betet,
für den gehen alle Wege ins Licht.
Für den zündet Gott seine Sonne an;
er wird die Wärme
des göttlichen Morgens erfahren.
Phil Bosmans

Gebete bewegen mich und helfen mir.
Es tut mir gut, bewegt zu sein.
George Bernard Shaw

Das Gebet,
das ein Mensch mit aller seiner Macht leistet,
hat eine große Kraft.
Mechthild von Magdeburg

Jedes Gebet,
jedes Gespräch mit Gott,
jedes Erlebnis seiner Nähe,
seiner Zuwendung macht mich lebensfähiger.
Ulrich Schaffer

Das Gebet
ist für die Seele das,
was die Wärme
für den Körper ist.
Don Bosco

Das Reden mit Gott
ist unvergleichlich wichtiger
als das Reden über Gott.
Hans Asmussen

Quellenverzeichnis

Seite 8: Die Blumen des Blinden. Aus: H. L. Gee, Fivehundred Tales to tell again. Gee & Co. Ltd., London 1955.

Seite 71: Der Kreislauf der Freude. Aus: Willi Hoffsümmer, Starthilfen für dich. Matthias-Grünewald-Verlag, Mainz 1978, S. 20f.

Seite 72: Die verschwenderische Sonne. Aus: Gianni Rodari, Gutenachtgeschichten am Telefon, Verlag K. Thienemanns, Stuttgart 3. Aufl. 1967, S. 80.

Seite 82: Ab und zu einmal lächeln. Aus: Willi Hoffsümmer, Kurzgeschichten 2, Kurzgeschichten für Gottesdienst, Schule und Gruppe, Matthias-Grünewald-Verlag, Mainz 1983, S. 132.

Ein Großteil der von Adalbert Ludwig Balling verfassten Texte stammen aus seinen im Verlag Mariannhill (Würzburg) erschienenen Büchern: Was ich dir wünsche (S. 12); Wo der Tag den Saum der Nacht berührt (S. 14, 33, 38); An der Sonnenseite Gottes (S. 17); Freut euch mit den Fröhlichen (S. 22, 55, 73, 81, 98, 116); Wo sich die Liebe freut (S. 29); Gute Worte heitern auf (S. 34, 48); Liebevolle Plaudereien (S. 37); Wenn die Freude an dein Fenster klopft (S. 68); Als spräche er mit der Rose (S. 94); Wer Gott sucht, findet Freude (S. 114); Wer lobt, vergisst zu klagen (S. 117); Die Erde mit dem Himmel verbinden (S. 128).

Zu den Autoren

Reinhard Abeln, Dr. phil., Jahrgang 1938, verheiratet, zwei Kinder, Studium der Philosophie, Psychologie und Pädagogik, Journalist i. R., Referent in der Erwachsenenbildung, zahlreiche Veröffentlichungen über Lebens-, Ehe- und Erziehungsfragen.

Adalbert Ludwig Balling, Mariannhiller Missionar, Jahrgang 1933, von 1959–1965 in der Rhodesien/Simbabwe-Mission tätig, 1965/66 Ausbildung als Journalist, danach verantwortlicher Redakteur des Missionsmagazins „mariannhill", Autor vieler Buchpublikationen in mehreren Sprachen.